EVIDENCE FROM THE EARTH
Forensic Geology and
Criminal Investigation

"十二五"国家重点图书出版规划

法学译丛·证据科学译丛 ／ 丛书主编 张保生 王进喜

源自地球的证据
法庭地质学与犯罪侦查

[美] 雷蒙德·默里 (Raymond C. Murray) 著

王元凤 金振奎 译

中国人民大学出版社
·北京·

编委会

丛书主编 张保生 王进喜

编　　委（按姓氏笔画排序）：

王进喜　刘　良　李　玲　何家弘
常　林　张保生　满运龙　罗亚平
侯一平

致谢

多年以来，许多善良、体贴、无私的朋友们带我走进法庭科学领域，并让我能够在其中体验机遇与学识。他们是：Jack Crelling、James Donovan、Chris Fiedler、Bruce Hall、Yoshiteru Marumo、Skip Palenik、Richard Saferstein、John Tedrow、Pornsawat Wathanakul 以及 Jack Wehrenberg。特别感谢 FBI 的法庭地质学专家 Maureen Bottrell，感谢她能够将关于法庭地质学的宝贵见解和精湛学识与我分享。在撰写此书的过程中，许多新朋老友为我提供了各种案例和讲解，并及时送来对我的鼓励，在此我要对他们表示特别的感谢，他们是 David Abbott、Sarah Andrews、Richard Bisbing、Debra Croft、Clark Davenport、Rosa Maria Dimaggio、Howell Edwards、Donald Hyndman、Wayne Isphording、Janet Kirkwood、Tim Ku、Ian Lange、James McQuillan、Frederick Nagle、Leonardo Nuccetelli、Jim Oberhofer、Richard Olsson、Ken Pye、Ron Rawalt、Bill Schneck、Andrew S. Smith、Marianne Stam、Ritsuko Sugita、Graham Thompson、Erwin Vermeij、Margaret Waters、Jodi Webb、Patricia Wiltshire 以及 Andrew Wolfe。感谢 Mountain 出版社的 Lynn Purl，他的鼓励对于此书的撰写至关重要，感谢 Mountain 出版社工作人员们的辛勤劳动，是他们的努力促成了此书最终的出版。

中文版序

　　撰写《源自地球的证据》这本书是我人生中的重大幸事之一。它首次为大众读者及专业读者共同探讨地质学证据的重要性提供了可能。能够得到中国政法大学证据科学教育部重点实验室的支持，组织翻译并出版此书，这令我倍感荣幸。我希望该书中文版的出版能够让中国的读者，尤其是司法领域的读者更深入地了解地质学证据，并在实践中更好地促进地质学证据的应用。更为重要的是，我希望该书的出版能够鼓励全世界范围内的相关学者们进一步优化地质学证据的分析方法，提升地质学证据的证据价值。

　　土壤由各种不同的矿物、岩石、人造颗粒以及化学品组成。玻璃、研磨剂、塑料、混凝土、砖块以及灰泥等人造颗粒以及纤维、颜料等其他种类的微量物证，总是可以通过各种渠道混入泥土中。此外，土壤可以从纵向和横向两个维度发生快速的、非系统性的变化，哪怕只是跨越了很小的一段距离。因此，可识别的土壤的种类是不计其数的。这使得土壤及相关物质能够成为重要的微量物证。如今，物证的重要性在全世界范围内正在得到日益提升。我们都非常清楚言辞证据有时不能客观地反映真实情况，但是由经过专业培训的、诚实可信的检验人员提供的物证，可以为司法审判提供坚实的基础。本书的目的在于阐述地质学证据的价值，介绍地质学证据发挥重要作用的经典案例，并传播那些已被实践证明具有重要价值的分析方法。

　　我与中国学者之间的友好往来由来已久。多年之前，中国石油大学的冯增昭教授曾经组织翻译过我的一本专著。之后，在冯增昭教授夫妇以及金振奎教授的陪同下，我先后数次访问中国并观赏了许多名胜古迹。我的妻子 Maureen Fleming 教授也应邀前往南开大学教授工商管理学课程。这一次，中国政法大学组织翻译此书，为我与中国学者之间的友谊又增添了浓重的一笔。对于金振奎教授及王元凤副教授为此书的翻译出版所做的不懈努力及出色工作，我致以诚挚的谢意。尤为要感谢的是中国政法大学证据科学研究院，是你们发现了《源自地球的证据》这本书，并认识到它的出版价值。

前言

　　三十年前的一天早上，美国烟草火器局特派员 Ronald Decker 带着几包岩石和土块，来到罗格斯大学地质学系找我。他所带来的这几包东西都是与新泽西州两起刑事案件相关的证据。其中一包岩石曾经被犯罪分子用来打碎玻璃。在该起案件中，隶属于不同政治派别的两伙暴徒首先拿石块打碎对方的玻璃，然后通过破碎的玻璃窗向对方的房屋中投掷燃烧的火柴以及装有高门牌（Coleman）燃油的瓶子。当时办案人员想证明除了这些暴徒外，另有其他人也参与了这起位于新泽西州的暴力案件。但由于暴徒作案时使用的岩石似乎是就地取材的，因而这些石头未能在证明作案真凶的过程中发挥作用。在另一起案件中，一家制造无烟火药的工厂发生了爆炸。处理这起案件的关键问题在于，这次爆炸究竟是意外事故还是有人故意而为之的。作为地质学家，我为这起案件侦查方向的确定提供了一些依据。

　　Ronald 将我带入了一个我未曾知晓的别样的地质学世界。除此之外，他还将我引荐给 Richard Saferstein——新泽西州警察局的首席化学家。由他撰写的法庭科学领域最为经典的著作已经出版至第八版。从那时起，Richard 便成为我的良师益友。他再次将我引荐给位于华盛顿的 FBI 的法庭地质学家们，其中包括 Richard Flach、Elmer Miller、Chris Fiedler、Bruce Hall、Ron Rawalt、Maureen Bottrell 以及 Jodi Webb 等。他们组成了一支高度专业化的人才队伍，将地质学与法律问题进行了精彩的结合。这些优秀的法庭地质学家们曾经为我付出过宝贵的时间，提出过珍贵的意见并与我建立了真挚的友谊。目前，我的朋友 Ronald Decker 和他的妻子在马里兰州成功地创建了一家私人侦查机构，专门用于解决纵火以及爆炸类案件。

世界上最伟大的土壤学家之一、罗格斯大学的 John C. F. Tedrow 教授曾经参与过许多涉及土壤证据的案件。因此，我们于1975年合作撰写了《法庭地质学——地球科学与犯罪侦查》一书。1991年，该书得以再版，并更名为《法庭地质学》。本书中的部分内容就是源自上述两本书的。

自《法庭地质学》问世以来，许多情况的出现都令我惊诧不已。例如，该书中的观点出现在难以计数的审判过程中，包括刑事审判以及民事审判。例如，三十年前法庭地质学家所使用的方法以及我们曾经在该书中批判过的方法都已经消失于今日。例如，因为现场勘查人员意识到土壤证据的价值所在，所以涉及土壤证据的案件数量与日俱增；这些案件的处理也因土壤证据的加入而得以大幅度改进。例如，学者们创立了法庭地质学大学课程，其中最为成功的一位是来自南伊利诺伊州大学、获得众多奖项的煤地质学家 Jack Crelling 先生。此外，隶属于法庭地质学的专门性学术组织也得以设立了，即美国法庭地质学家协会。该协会的网址为 www.forensicgeology.org。

法庭科学已经占据了人们想象空间中的每一个角落。通过电视、杂志以及广播等媒介，我们总是可以了解到那些奇特的案件，并在第一时间掌握犯罪实验室中的进展情况。与物证最新进展以及证据准入规则相关的话题频频出现。O. J. Simpson 案以及华盛顿地区狙击手 John Allen Muhammad 和 John Lee Malvo 案一次次地成为大众关注的焦点，甚至连小说家们都将法庭地质学作为其作品的主题或者情节。在众多侦探小说作品中，Sarah Andrews 创作的系列作品获得了巨大的成功。她笔下的法庭地质学家 Emily Hansen 悄悄地穿梭于一部部作品之间，并成功地解决了许多令人惊悚的案件。这些精彩的片段令读者们回味无穷。

我希望本书能够带您进入一个属于地质材料证据的世界，能够帮助您认识到这些证据的价值所在，能够伴您漫步于借助法庭地质学而成功侦破的经典案例中。

目 录

第一章 法庭地质学概述 …………………………………… 1
第二章 从福尔摩斯时代至今 ……………………………… 34
第三章 利用地质材料做证据 ……………………………… 46
第四章 地质材料的起源与分布 …………………………… 62
第五章 人造地质材料与商业性地质材料 ………………… 89
第六章 证据收集 …………………………………………… 103
第七章 检测方法 …………………………………………… 113
第八章 其他地球物理学方法与仪器 ……………………… 146
第九章 与矿山、矿物、宝石以及艺术品相关的诈骗 …… 157
第十章 法庭地质学的过去、现状与未来 ………………… 169
术语表 ………………………………………………………… 178
参考文献 ……………………………………………………… 188

第一章

法庭地质学概述

  Rebecca O'Connell（昵称 Becky）是一名九岁的小女孩，她与父母居住在南达科他州的苏福尔斯。1990 年 5 月 8 日的傍晚，Becky 出门去周围的便利店买糖果，那是 Becky 的父母最后一次看到她。当日晚些时许，Becky 的母亲和养父发现女儿失踪了，并到警局报了案。次日早上，在位于南达科他州林肯县的一条河边的树丛里，两名男子发现了 Becky 的尸体。验尸结果表明：Becky曾经遭到强奸，身体多处出现连续的刀伤，颈静脉处的刀伤是死亡的主要原因。有人向警方提供了这样一条线索：案发当晚，一位名叫 Donald Moeller 的男子曾经出现在 Becky 身边。调查人员对 Moeller 驾驶的卡车进行勘查，并在卡车翼子板处收集了一些泥浆。调查人员还对尸体周围的泥浆样品进行了收集。法庭地质学家 Jack Wehrenberg 对上述检材和样品进行了检验。他发现从犯罪嫌疑人驾驶的车辆和犯罪现场两处提取的泥浆样品都含有罕见的蓝色矿物颗粒。Jack Wehrenberg 认为这些蓝色矿物颗粒不是蓝色钻石就是锌尖晶石。经过进一步的检验，他最终确定这些颗粒为锌尖晶石。

  锌尖晶石是一种罕见的矿物。资料检索中没有关于该地区有锌尖晶石的报道。那么这些锌尖晶石究竟来自哪里？很有可能是冰川时期的冰川所带来的。冰川中含有此类矿物的岩石或碎片。在冰川运动过程中，它将这种罕见的矿物从加拿大南部带到了Becky被害的现场。无论这种罕见的矿物来自哪里，它的出现都能将犯罪嫌疑人和犯罪现场紧密联系起来，从而成为强有力的证据在法庭上指控犯罪嫌疑人。

  1992 年，Moeller 被控强奸和谋杀少女 Becky O'Connell，并

被判处死刑。由于案件存在一些诉讼程序问题,因而南达科他州高级法院于1996年驳回了原判。该州的潘宁顿县陪审团对该案件进行了重新审理,再次宣判Moeller有罪并处以死刑。南达科他州高级法院对本案进行了有罪裁决。目前,上诉还在继续。

尽管多数情况下,法庭地质学家很难像Jack Wehrenberg那样幸运,能够从Becky O'Connell被害现场找到证明力如此之强的证据,但是,在全球范围内,将地质科学知识运用于法律问题并在案件审判过程中提供重要证据的成功案例不计其数。根据法国犯罪学者Edmond Locard(1877—1966)提出的物质交换原理,两种物质客体在发生接触的过程中都会引起物质成分的相互交换和变化。虽然由于腐败或冲洗作用,发生转移的迹象也许很难被发现,但是物质转移的事实却是客观存在的。因此,只要某人与其他客体发生接触,那么就会留下痕迹。如果能够找到这些痕迹,那么你就能够判断出这个人曾经去过什么地方,甚至能够推测出他或她的犯罪过程。法庭地质学就是建立在该基础理论之上的。在大地当中常常混杂有岩石、矿物、化石、土壤、玻璃或其他人造材料,它们共同成为法庭地质学家的研究对象。首先,法庭地质学家们对那些在物体接触过程中发生转移的物质进行收集;然后,通过检验分析判定这些物质的来源;最后,以证据的形式使检验结果服务于刑事及民事诉讼过程。

法庭地质学家采用地质专业所使用的设备和方法开展工作。他们常用的设备和方法有双目显微镜、偏光显微镜、X射线衍射仪、扫描电子显微镜以及微量化学分析法等。法庭地质学检验的主要目的是从土壤或其他地质材料样品中找到单个颗粒并识别出它的特征。如果能够从中发现可识别的罕见矿物、岩石或者其他颗粒,那么检验结果的证据价值将得到大幅度提高。

通常情况下,法庭地质学家的研究内容主要有两类。在第一种类型的研究中,他们将与案件相关的检材同另一份样品进行对比分析。多数情况下,这些检材都是在案件过程中发生转移的物质;但是,在涉及艺术品、宝石或矿藏诈骗的案件中,被分析的

第一章 法庭地质学概述

检材也有可能是未发生物质转移的矿物质。在第二种类型的研究中，法庭地质学家主要针对那些从与犯罪嫌疑人或案发现场相关的地方所提取的土壤样品进行分析检测。在前一种类型的研究中，法庭地质学家需要判断出检材与样品是否具有相似性，也就是它们是否可能具备共同的来源。在第二种类型的研究中，法庭地质学家需要解决的问题是被检测的岩石或土壤来自何处。例如，在一起谋杀案中，如果犯罪嫌疑人曾经将尸体从第一案发现场转移，与尸体黏附的一些土壤成分就可能随着尸体被转移到另一个位置，并与该处的土壤成分形成差异。我们通常将这种类型的研究称为对侦查工作的辅助或协助，它需要工作人员具备非常丰富的学识或者一定的信息途径，以便能够确定不同类型的岩石或土壤的来源。目前，法庭地质学家又发展出第三种研究内容，这通常被称为智力支持。如果某人声称自己来自某一特定地区，那么讯问人员就可以对此人及其财产进行搜查，如果能够找到源自上一特定地区的土壤，那么就可以确定这份口供的真实性。

对于许多法庭科学检验项目，如毒品检验、爆炸品检验或者某些特殊动物的血液分析等，定性分析结论就可以单独作为证据使用。然而，进行法庭地质学检验时，定性分析结论却很少单独作为证据使用。多数情况下，它们可以为侦查提供线索和方向。例如，在某一案件中，如果从某人或某物上找到了防火涂料，而该人或该物与防火材料制造业并没有关系，那么这种特殊的物质就能协助调查人员确定侦查方向。在涉及宝石、艺术品、矿藏诈骗的案件中，法庭地质学定性分析结果就显得尤为重要，它们通常可以对涉嫌诈骗的物品进行证明。此外，法庭地质学家还必须具备足够的能力判断出物品的来源。

在与法庭科学相关的表述中，"对比"这个词曾经多次出现。例如，将犯罪嫌疑人鞋底的土壤同犯罪现场的土壤进行成分对比，或者将犯罪现场找到的岩石同爱尔兰高威县采石场的岩石进行成分对比。那么对于法庭科学家们，"对比"这个词究竟意味着什么？从理论的角度出发，没有任何两个物体是完全一样的，这一点是值得我们注意的。哪怕检验结果表明某份土壤样品与另一份地质材料的成分是一致的，我们都不能绝对地认为二者一定来自同一特定区域。因为我们无法排除在地球表面的不同位置存在类似物质的可能性。所以法庭地质学的检验目的就是确定某样品是不是很可能来自某特定地区。在实践当中，学者们所进行的对比检验往往是从样品中那些特异性成分开始的。

物证的价值通常是由特异性材料种类的多少决定的。如果种类越多而且每一种类当中所包含的个体越少，那么这种物证的可识别性就越高，证据的价值也就越高。大自然中存在多种多样的土壤、岩石、矿物以及化石。任意一位接受过地质学教育的人，甚至是任意一位与土地打交道的农民，都非常清楚岩石、矿物以及土壤的种类是不计其数的。此外，这些种类受空间位置影响很大。正是由于地质材料所具备的这种天然差异，它们才得以获得证据价值；而且，在很多案件当中，这种证据价值颇高。实际上，除了像指纹、工具痕迹或者DNA这种形态证据之外，与其他形式的物证相比，地质材料具有较高的差异性及证明价值。

然而，我们必须同时认识到这种证据存在三个显著的局限性。第一，证据必须是由调查人员按照合法程序收集递交的。这就意味着执行相关任务的调查人员必须了解地质材料作为证据使用的可能性，而且熟知收集、保存这些证据的操作过程。第二，用于对比的方法必须是行之有效的；而且，该方法应该是在学识渊博、技能娴熟、深入了解对比的意义和作用的专家操作下进行的。对于潮湿的非根际土壤而言，一名未经培训的人员可能只会粗浅地观测它的颜色，而一名专业人员则会充分检测样品的多方面特征，这样，样品的证据价值才会得到显著提升。此外，这种证据的第三个局限性在于所收集到的地质材料很可能是在过去的某段时间积累的，而并非与案件有什么关联。这种情况下，如果将它与另一样品进行对比检验就没有任何意义了。例如，从车内地板上收集的土壤很有可能是许多人上下车时随着鞋子带来的脏物，也很可能是某个特定的人在某一特定时间通过所穿着的某双特定的鞋

第一章　法庭地质学概述

留下来的。我们可能会在从犯罪现场收集的检材与从车内地板上收集的样品之间的对比检验中发现特异性较高的矿物和岩石。仅仅停留于表面的浅表性检验是没有任何意义的。

两个样品之间的共同特征并不能证明它们具有共同的来源。问题的关键在于这些详细特征出现的统计学概率有多少。对土壤、岩石、矿物、化石以及其他种类的物证进行检验时，这种分析以及专家基于此分析结果所作证言的最大的优势在于，它具有较高的客观真实性。

同其他微量物质一样，如果想对土壤样品进行研究并将之作为证据使用，那么首先需要对土壤样品进行收集。在犯罪现场上，勘查人员将凭借自己的知识和经验来确定是否需要收集某种土壤样品。我希望在不久的将来，所有勘查人员都能具备足够的专业知识，通过培训了解正确的收集方法，并在有相关证据出现的案发现场中发挥作用。

在本章中，我们将回顾一些地质学材料及检验方法发挥重要作用的典型案件。其中一些案件受到了新闻界极大的关注，或者案件中所涉及的受害者或犯罪嫌疑人是公众人物，因此它们堪称是"高调"案件。另一些案件则包含了一些有趣的观点、方法以及应用。在接下来的几章中，我们将先后了解地质材料作为证据使用的理论基础以及实现途径，最后我们将对法庭地质学未来的发展方向作简要介绍。

Chris Fiedler 曾经接触过数百起有趣的案件，费城主线区（费城郊外富人区，美国老牌资本家聚居地）谋杀案就是其中之一。该案因作家 Joseph Wambaugh 撰写的 *Echoes in the Darkness* 一书而家喻户晓。该案件的调查结果促成了对犯罪嫌疑人的多项罪名指控；然而，其中关于谋杀教师 Susan Reinert 和她的两个孩子的指控最终却被推翻了。在案件调查过程中，由于从转移 Susan Reinert 尸体所用的汽车的缓冲器上收集到了矿渣，因而调查人员对宾夕法尼亚州数百个矿渣堆进行了搜查，希望能找到两具被害孩子的尸体。虽然他们最终没有找到这两具尸体，但是这起案件揭示了一种重要的侦查方法，同时也向我们展现了这位一流的法庭科学检验人员。

几年前，Fiedler 曾经处理过一件最为有趣、重要的案件。调查人员需要查找一些恐怖分子，他们正在位于东北部的几个藏身住所之间运输炸药。调查人员注意到，在一辆嫌疑车辆通过新泽西州南部的某一位置后，一块巨大的岩石便出现在那个十字路口的路旁。在新泽西州南部沿海平原地区，看到巨大的砂石颗粒是很正常的，但是巨大的岩石却很少在该地区出现。这一现象说明这块岩石是被人搬到此处的。于是，调查人员作出这样的推测，即恐怖分子的先遣车辆将这块岩石运送到此处，放置在公路旁，并通过这种方式为第二辆运输炸药的车辆提供标记。

调查人员将这块具有标记作用的岩石带回实验室，使用钻石锯切成薄片，将其磨成透明状放在载玻片上，然后使用偏光显微镜观测。观测结果表明，在这个深红色的石榴石片岩薄片中含有一种很少见的矿物十字石。这一观测结果仅仅是一个开始，之后，Fiedler 与位于华盛顿的史密森学会联系，寻找这块岩石的来源。通过学术搜索，他们发现，在康涅狄格州西部丘陵地带的某一地区，有类似的十字石片岩。于是调查人员将侦查方向转向了该地区，并获得不断增多的线索，最终他们在宾夕法尼亚州找到了恐怖分子掩藏爆炸物品的地方。在这个案件中，这位机智而又专心致志的科学家根据从岩石中找到的线索，顺藤摸瓜，并最终找到了揭开本案谜底的地方。

Louis Mountbatten 谋杀案也是备受关注的案件之一。Louis Mountbatten 将军是一名功绩卓著的战斗英雄、外交家，英国皇家政界元老。1979 年 8 月 27 日，像往常一样，Louis Mountbatten 将军前往位于爱尔兰斯利戈县穆拉默尔（穆拉默尔位于爱尔兰西北部沿海地区的多尼戈尔湾）的塔形城堡避暑。当日上午 11：30 左右，他同几位家人、朋友以及船童共同搭乘一条长约 27 英尺的私人渔船（Shadow V 号）出海打鱼。后来，据当地目击者称，他们首先查看了一下捕龙虾用的罐子，然后沿着海岸线航行。就在

第一章 法庭地质学概述

这时，渔船遭到一枚炸弹的袭击并立即被击碎。事发后，周围的渔民立即赶到现场开展救援工作，但是这场爆炸几乎炸断了Mountbatten将军的大腿，并导致其当场死亡。一同遇难的还有Mountbatten将军的孙子、儿媳以及船童。

每年在Mountbatten将军来访的几个月里，护卫队都会对其住所进行监控。但是，这艘渔船却不在监控范围内，而是同另外一艘小船停靠在一个公共码头。Francis McGirl 和 Thomas McMahon 是两位知名的爱尔兰共和军临时派成员。恰恰在爆炸发生前的两小时，他们俩在距离爆炸现场70公里的地方，因涉嫌驾驶盗窃车辆而被拘留。爆炸发生后，警方认为他们涉嫌谋杀Mountbatten将军及其他几位遇难者。调查人员从犯罪嫌疑人所穿的靴子底部收集到一些砂石和油漆片，并将这些样品送到位于都柏林市凤凰公园的爱尔兰警局法庭科学实验室进行检验。该实验室是为爱尔兰国家警察提供服务的，检验工作在Jim Donovan的指挥下展开。Jim Donovan曾因处理过一起爆炸案而出名。在这起爆炸案中，犯罪嫌疑人试图使用一枚炸弹谋杀Jim Donovan，并最终导致他遭受了持久性重创。导演John Boorman根据这一事件拍摄的电影《将军》(The General) 于1998年赢得大奖。在Mountbatten将军被杀一案中，Jim Donovan对警方从犯罪嫌疑人靴子底部收集到的砂石进行了检验，并判断出这些砂石来自海边的沙滩，同被害人所搭乘的渔船停靠位置周围的砂石成分是一致的。油漆片的检验结果也表明它来自被害人搭乘的渔船。这一证据再次有力地证明了McMahon犯谋杀罪。在最初因涉嫌驾驶盗窃车辆而被拘留的时候，McGirl曾经声称"我没有在渔船上安置炸弹"，这份口供是在爆炸事件发生之前提供的，但是法庭最终没有采纳它，因为法官认为犯罪嫌疑人并没有明确说出究竟是哪艘渔船。最终由于缺乏证据，法庭宣告McGirl无罪。根据北爱尔兰和平协议（Good Friday Agreement），McMahon于1998年被释放。

法庭科学家们根据所接受的培训、相关经验以及完整的科学理论，建立新方法，用于揭露犯罪事实。1983年，在俄克拉何马州瓦格纳县，Albert Wesley Brown 被控谋杀 Earl Taylor，并被判处终身监禁。2001年，隶属于俄克拉何马州贫困弱势群体辩护援助体系的 DNA 司法检测项目对该案件进行重新检验。因为 DNA 技术出现的较晚，所以许多最终宣判死刑或终身监禁的案件并没有在审理过程中对检材进行 DNA 检验。DNA 技术出现以后，许多州都成立了类似辩护援助体系的组织，对上述重大案件进行重新检验。重检结果表明，之前对于 Brown 的指控主要基于以下三个物证：纤维检验、显微镜下毛发对比分析以及土壤成分对比分析。初次审判时所使用的毛发样品已经无法找到了。

初次审判时，毛发对比专家认为从被害人口中阻塞物里找到的毛发与 Brown 的毛发是一致的。然而，辩护援助体系 DNA 项目组对犯罪现场收集到的几根毛发进行了线粒体 DNA（mtDNA）检验，并发现这些毛发并不是 Brown 的，而是被害人自己的头发。此外，初次审判时毛发对比专家还认为，从 Brown 驾驶车辆中找到的毛发与被害人的毛发是一致的。然而，接受 mtDNA 检验后，这一结论也被推翻了。

之后，辩护援助体系 DNA 项目组找到我，请我以法庭地质学家的身份对初次审判时关于土壤成分对比的证词进行检验。此案的调查人员曾经对 Brown 所驾驶车辆轮胎部位的土壤进行了收集，并将其送到州立犯罪实验室进行检验。然而，在1981年进行土壤成分检验的人员几乎没有接受过与地质学、矿物学和土壤学相关的正规教育。在他的证词中，曾经提及俄克拉何马州的冰川作用，然而地质学者都清楚这样一个事实，即冰川时期大陆冰川没有运动到北美洲如此靠南的地区。此外，长时间验证结果表明，当时检验人员在收集土壤样品时所使用的方法是不可信的。在证词当中，鉴定人员认为土壤成分会随着空间距离呈现系统变化，半公里以内的土壤成分是相似的。这是一处致命性的错误。

在初次审判过程中，警方对距离犯罪现场1.5公里内的土壤以及从嫌疑人车辆轮胎部位提取的土壤进行了收集和检验，并以

第一章 法庭地质学概述

二者成分一致为由认定 Brown 曾经到过犯罪现场。然而，如前所述，土壤、岩石成分并不会随着空间发生系统变化。哪怕是间隔 10 英尺这样一个距离（远远小于半公里），都很难找到成分真正相似的地质材料。

在辩护援助体系的帮助下，Albert Wesley Brown 被允许出狱并接受重新审判。有关部门再次开展了对于该案的调查工作，并承诺可以给 Brown 两年的时间让他为自己的一级谋杀罪名进行辩护。尽管 Brown 仍旧对复审结果有所担心，但他最终还是接受了。

有些情况下，由于受客观条件的限制，哪怕是最富经验的检验人员所开展的最出色的检验工作也不一定能获得理想的结果。1978 年 3 月 16 日，意大利总理 Aldo Moro 从位于罗马北部的住宅出发前往国会。随他一同出行的还有许多贴身保镖，其中一部分保镖与他搭乘同一辆车，而大多数人则搭乘后面随行的车。车队行使不到一公里，头车便与一辆菲亚特 128 型汽车相撞。紧接着出现了许多埋伏在周围的人，他们发射了大约 90 枚子弹。5 名贴身保镖被当场击毙身亡，Moro 总理虽然幸存，但是却遭到意大利红色旅恐怖集团的绑架。55 天后，恐怖分子试图与意大利政府谈判却遭到拒绝，于是他们在罗马市中心发出了最后一条通牒：一辆承载着刚刚遇害的总理的尸体的雷诺 4 型红色汽车。从包裹在 Moro 总理尸体外部的衣物和毛毯上，警方找到一些砂石和植物碎片样品。此外，警方从雷诺车、翼子板和轮胎部位还找到一些砂石样品以及相关的微量物证样品。

著名的意大利法庭地质学家 Gianni Lombardi 受邀对本案涉及的相关证据进行检验。Lombardi 当时就向法庭展示了他的检测发现和所得出的结论；然而，时隔二十多年，Lombardi 的发现和结论才以文章的形式通过 Journal of Forensic Sciences 杂志公布于众。那么案件中的砂石究竟来自哪里？检验结果表明，从 Moro 总理裤角反折边、鞋子以及毛毯部位提取的砂石具有相似性。这些颗粒均已磨圆且分选好，这表明这些砂石经历了快速的移动。

此外，检验人员还从样品中找到了在沙滩上经常出现的贝壳碎片。从鞋底提取的一些砂石颗粒原本是陷在一些晒干的原油斑点中的，这些原油同罗马地区沙滩上洗餐具所使用的原油种类一致。因此，Lombardi 认为 Moro 总理的尸体是从一个高于常规的高潮线的沙滩地区转移过来的。对岩石类型的检验结果表明，砂石颗粒来自罗马北部海岸线地区的变质岩。专家还指出样品中含有来自罗马北部地区河流入海口处的含有微体化石的石灰岩。最有趣的一个发现是检验人员还从样品中找到了一些火山岩，其中有的为火山玻璃。这些成分是无法进行远距离移动的，它们均来自罗马北部。

调查人员对罗马城市北部和南部的海滩进行了大范围搜查。他们在所有汽车可以到达的海滩都进行了样品收集。此外，他们还对位于罗马南部的 Moro 总理沙滩住宅进行了取样，并最终排除其可能性。根据所有证据所提供的信息，Lombardi 将侦查范围缩小至一片 11 公里长的沙滩。它位于罗马机场北部，而且只有几条路可以通向此处。从尸体上找到的植物碎片也同该地区的植物碎片一致。Lombardi 完成了每一个法庭科学工作者所期望完成的事：他为调查人员开展侦查工作提供了真正的帮助。

多年以后，调查人员在罗马东南部地区郊外发现了一处意大利红色旅恐怖集团恐怖分子的藏身之处。他们声称曾经将 Moro 总理囚禁于此，并在将其尸体运往市中心之前，于车库中枪杀了他。他们还称曾经收集了海滩上的砂石以及一些植物碎片，并将它们放到尸体上，以迷惑警方。一些专家对这些口供的真实性持怀疑态度。我们也很可能永远无法揭开意大利历史上这一特定混乱时期的事实真相。尽管如此，我们仍然无法否认这样一个事实：在将法庭地质学用于寻找土壤证据来源的典型案件中，这起案件堪称其中之一。

许多"调包"案件都需要借助法庭地质学家的帮助来侦破。在此类案件中，集装箱中原本放置的高价货物，如枪支、电器或者药物等，常常被大约等重的岩石或砂石所替代。当货物抵达目的地时，货物买方得到的只有这些岩石或砂石而已。如果货物已

第一章 法庭地质学概述

经在几家保险公司投保,那么最终将由"调包"行为发生地的保险公司负责赔偿。因为岩石或砂石的重量较大,所以当犯罪分子想用它们来"调包"时,通常会就近取材。这样调查人员就可以根据岩石或砂石的来源对"调包"行为发生地进行判断。

有这样一起"调包"案,价值上百万美元的烟草被装在集装箱中,通过卡车从北卡罗来纳州的温斯顿塞伦运往弗吉尼亚州的诺福克,并在那里装船,途经南美洲的几个港口,最后抵达乌拉圭蒙得维的亚市。然而,人们在货物终点打开集装箱的时候,却发现里面除了一包包的砂石之外什么都没有。

此时,有两家保险公司有可能为此事负责,其中一家保险公司是针对卡车所装的货物进行赔偿,如果"调包"行为发生在北美洲,则由该家保险公司进行赔偿;而另一家保险公司是针对船只所装货物进行赔偿的,如果"调包"行为发生在南美洲,则由这家保险公司进行赔偿。那么,如何区别北美洲的砂石和南美洲的砂石呢?方法之一便是对货物途经地区中所有可能发生"调包"行为处的砂石样品进行收集和分析。虽然这种方式对于寻找侦查线索而言是很有帮助的,然而,如果仅仅是想确定赔偿责任方,那么通过判断砂石中的花粉是来自南美洲还是北美洲,就可以得到恰当的答案。在该案中,对于砂石样品的检验工作并没有完全开展。

在另一起类似的案件中,被"调包"的对象为计算机设备。警方邀请到极富经验的法庭科学显微镜检验专家、Microtrace 公司总裁 Skip Palenik 先生对物证进行了检验。丢失的计算机设备是从得克萨斯州运往阿根廷的,途径迈阿密。当人们在布宜诺斯艾利斯市将货物包装箱打开的时候,呈现在人们面前的只有混凝土砌块。Palenik 先生使用普通的酸溶解水泥,然后从混凝土中取下沙砾。这些砂石颗粒的粒径很细很均匀,据此可推断它们来自海滩;此外,由于砂石样品中含有重金属元素,因而可以推测它们来自佛罗里达州。Palenik 将这些砂石样品同他广泛收集的佛罗里达州砂石样品进行了对比,并发现它们具有一致性。他告诉调查人员这些用做"调包"的混凝土砌块就来自不远的地方，并建议他们对迈阿密机场进行搜查。调查人员在机场附近的一个建筑工地找到了成分一致的混凝土砌块，并据此查到犯罪嫌疑人，最终以此对他进行了指控。

因为从南美洲运送过来的"调包"货物都要在迈阿密地区的港口或机场停留，所以在那里工作的法庭地质学家 Fred Nagle 也忙于此类案件的调查工作。在 Nagle 最为满意的一起案件中，他曾经前往巴西出庭作证。该案涉及一批价值两百万美元的异域香水，先由卡车从巴拉圭运送到巴西境内的桑托斯港口，然后通过货船顺着海岸线向北走，途经里约热内卢和萨尔瓦多市，最后到达迈阿密。到达目的地后，人们发现货物已经被几吨重的砂石所替代。对于这起案件的调查仅限于确定理赔责任方，也就是确定应该由哪家保险公司负责赔偿。这些砂石颗粒很细，富含石英，呈褐色。包装砂石所使用的包装袋，一部分是由粗麻布制成的，另一部分是由白色合成纤维制成的。在 Nagle 教过的学生中，曾经有几位是巴西萨尔瓦多市本地人，于是 Nagle 将这些包装袋和砂石样品拿给他们看。通过缝制在包装袋侧面的黄绿色细线，Nagle 的学生立即就辨认出这些是用于包装巴西咖啡的袋子。白色的袋子是新品种的包装袋。Nagle 的学生非常清楚巴西境内的砂石是散装卖的，没有包装。而且萨尔瓦多市是货物运往迈阿密过程中的停留站之一，Nagle 的学生没有发现能够表明被检测样品来自萨尔瓦多市周围的迹象。

Nagle 首先将这些砂石检材同迈阿密大学收集的来自世界各地的砂石样品进行了比较，但却并未发现一致的对比结果。于是他决定去巴西的几处著名的货船停靠处查找涉案砂石的来源。他所要寻找的目标是成熟度高、颗粒细、河流沉积的、含有金红石的、花岗岩质的石英。为了更好地开展工作，Nagle 同其他几位地质学家进行了交流，并进一步了解该地区的地质情况。

Nagle 在巴西走访的第一站是位于里约热内卢市南部的一个小港口。虽然原计划中并没有如此安排，但是涉案船只曾在这里

第一章 法庭地质学概述

停靠过。为了推卸责任,船长并未说明在此停靠的原因;因为身为船长,他可以任意选择船只停靠的位置。然而,正是由于他对该问题的回避态度使他成为涉嫌"调包"的犯罪嫌疑人。Nagle 发现从这个港口接近货物是非常容易的。任何人都可以在不受任何阻碍的情况下,在货物周围自由走动。如果能获得进一步的证据,就可以确定这里就是货物发生"调包"的位置。然而,他却没能在这个港口周围找到和涉案砂石成分类似的砂石。

两周之后,依然徒劳无功,Nagle 感到非常沮丧。于是,他决定飞往位于巴西和巴拉圭边境的伊瓜苏瀑布,去观赏瀑布美景和新建成的大型水电站大坝,他知道瀑布周围地区广泛分布着玄武岩。Nagle 的一位朋友是这里的工程师。在他的带领下 Nagle 参观了大坝。Nagle 向他的朋友询问建设大坝所用砂石的来源。他的朋友回答说其中多数来自地表面的玄武岩,但是还有一些是从巴拉那河挖出来的。了解到这一情况之后,Nagle 的脑中闪过一个念头。于是,他对巴拉那河里的砂石进行了检测。结果表明它与犯罪现场找到的砂石高度吻合。在大坝建筑工地上堆积着一大堆这样的砂石。当 Nagle 跨过砂石堆的最高点,并走向巴拉圭境内的时候,他发现了装砂石的袋子。Nagle 的朋友解释说这些袋子是用于防止人们跌倒、阻止人们靠近建筑工地的。这些起初被认为是装咖啡用的袋子里装满了砂石。从外表特征(如颜色、粒径等)来看,它们与建筑工地所用砂石、巴拉那河的泛滥平原阶地处的砂石以及犯罪现场找到的砂石非常相似。实验室检测结果表明这些砂石恰好就是"调包"案所使用的砂石。此外,这些砂石样品中还含有蓝色的绿松石碎片。在该地区的玄武岩中,杏仁状气孔和其他气孔中常填充着这样的蓝色绿松石。这些特殊的颗粒进一步佐证了之前的判断。

Nagle 的发现证明了货船物品的"调包"行为就发生在航程的起始阶段。这样,在侦查初期令人费解的许多谜团都有了答案。例如,这些用于"调包"的砂石来自哪里?为什么集装箱的封条根本看不出被破坏的痕迹?为什么装入的砂石与被"调包"货物的重量如此吻合？（重量吻合的主要原因在于另一条同种货船承载着砂石，就停在被"调包"货物的旁边）。Nagle 的发现还证实了之前的犯罪嫌疑人（货船船长）是无罪的。船长曾经承认他在那个港口停船是为了看望他女朋友，因为不想让别人了解这个情况，所以最开始他隐瞒了这个事实。在未得到证据证实的时候，这份口供的真实性无从判断。当 Nagle 揭开案件的谜底之后，他收到了来自船长的深切致谢。因为是 Nagle 的工作证明了他的清白，并帮助他避免失业。据相关报道称，本案之后陆续逮捕了几位涉案人员。犯罪嫌疑人用水稀释被盗香水，然后装入瓶中，按照未稀释的价格出售，使赃物的价值从两百万美元提升至六百万美元。

Maureen Bottrell 曾经在佐治亚州州立大学获得两个地质学方面的学位，她是 FBI 实验室的法庭地质学家。她曾经处理过一个发生在佐治亚州南部的有趣案件。佐治亚州的奥特堡位于佐治亚州与佛罗里达州北部的临界线。这个小镇因盛产一种罕见的棒状黏土矿物凹凸棒石而闻名。奥特堡镇曾经发生一起谋杀案，警方在佛罗里达州北部逮捕了一名犯罪嫌疑人，该人在一家水泥厂工作，并声称自己衣物上的白色粉末状物质为水泥，而且他从未去过佐治亚州。Bottrell 通过检验证明，这些白色粉末状物质与犯罪现场上的凹凸棒石为同种物质。这份证据为法庭上指控犯罪嫌疑人立下了汗马功劳。

在另一起案件中，法庭地质学证据也发挥了强大的作用。密苏里河位于蒙大拿州大瀑布市郊，一百多年前 Lewis 和 Clark 就曾在这里留下足迹。一天，当一名男子在密苏里河边散步时，他拾到一张信用卡，上面的信息表明这张信用卡属于 Susan Galloway。于是该男子将信用卡交给卡喀斯特县治安支队。然而，在此之前，治安支队就接到报告称 Galloway 与她所驾驶的汽车一起失踪了。通过进一步搜查，警察在河边找到了 Galloway 的钱包，里面装有许多卡和一百美元现金。此后，他们还在河边陡峭的悬崖上找到了 Galloway 的车，Galloway 的尸体就在车厢内。初步

第一章 法庭地质学概述

勘查显示，Galloway 是被人使用破碎的软饮料瓶杀死的，在她的尸体上仍然可以看到软饮料瓶的碎片。在乘客座椅上以及车厢外部均能看到血迹。卡喀斯特县治安支队的 Ken Anderson 探长认为这里并非第一犯罪现场，而是有人将车辆和尸体推到悬崖上面的。当地有一条小路，情侣们经常会在那条小路上散步。就在这条小路上，人们发现一个状态略有异样的位置。该迹象表明曾经有人在这里试图挖洞。此外，执行搜查任务的搜查犬也在这个位置停下了，它们似乎闻到了血的味道。于是，调查人员将这些被翻动过的土壤收集起来，并送去实验室进行检测。结果表明，这些土壤中含有血液成分，并最终判断出这些血液是属于 Galloway 的。

调查表明，Galloway 曾经和马姆史唐空军基地的 Craig Smith 长官订婚。于是，Anderson 探长找到 Smith 调查相关情况。交谈过程中，Anderson 探长发现这位年轻人的手部有一处新鲜的割创。Smith 解释说这个伤口是他在开罐头的时候，一不小心被一把滑落的刀弄伤的。然而，空军基地的医生对伤口检查后认为这个伤口并非刀伤所致。当警方询问到 Galloway 失踪那天晚上 Smith 的情况时，他的陈述中也存在许多矛盾之处。据 Smith 的一位朋友称，在案发那天夜里他曾经在基地见到 Smith 并开车送他回家了；然而，Smith 的表述却并非如此。此外，根据零售店售货员的回忆，Smith 和 Galloway 曾经到店里买过几瓶绿色瓶包装的软饮料。

除了上述疑点之外，土壤也是将案犯锁定在 Smith 身上的另一项有力证据。Anderson 探长找到法庭地质学家 Jack Wehrenberg，并向他提供了从犯罪嫌疑人家中找到的运动鞋以及从犯罪现场不同位置收集的土壤样品。尽管 Smith 曾经清洗过运动鞋，但是 Wehrenberg 还是从鞋上找到了约 50 mg 的土壤，检验结果表明这些土壤成分与发现 Galloway 血液的那处被挖动的土壤成分一致。此后，Wehrenberg 还对检材和样品进行了深入分析，并进一步得出一致的结论。

在距离犯罪现场不远处，阿那孔达铜业公司曾经将炼铜用的熔炉和精炼厂设置在那里。在五十多年的时间里，许多球形玻璃颗粒从该厂的巨大烟囱中喷向天空。久而久之，它们落回到当地的土壤里，并成为土壤中的特异性成分。因为这些球形玻璃颗粒是伴随炼铜而产生的，所以它们的组成和特征点由熔炼方法以及被熔炼的金属矿的性质共同决定；而且，在熔炉周围不同的位置上，这些玻璃颗粒的种类、大小均有所不同。这成为熔炉周围土壤的一个显著性标志。此外，犯罪现场（发现 Galloway 血液的被挖动过的位置）的土壤中还含有棕色、绿色以及无色的玻璃瓶碎片。这些特征综合在一起使得该处的土壤显著区别于熔炉周围其他位置的土壤。从犯罪嫌疑人运动鞋底提取的土壤也含有上述球形玻璃颗粒以及玻璃容器碎片。尤其是球形玻璃颗粒的特殊颜色，非常显著地提升了对比结论的可靠性。

Wehrenberg 所提供的证据十分有力。法庭最终认定 Smith 谋杀 Susan Galloway 的罪名成立，并判处被告一百年监禁，执行地点就在位于鹿栈市的蒙大拿州监狱。后来，《推理探索》（The New Detectives，一个关于法庭科学的电视节目）曾经报道过这个成功的案例。

Charles Moses 案例也是一个用玻璃检测结果来完善证据链的典型案例。2000 年 2 月 16 日，恐怖的气氛笼罩在内布拉斯加州的帕克斯顿小镇以及周边地区。该区域内所有的学校均停课了，政府宣布全州进入紧急状态，军用直升机在上空随处可见，一百多位执法人员在同时搜查一位名叫 Charles Lannis Moses Jr. 的犯罪嫌疑人。三天之前，根据得克萨斯州颁发的逮捕令，由于 Charles Lannis Moses Jr. 涉嫌盗窃及逃避逮捕，内布拉斯加州西部的一位代理治安官试图逮捕他。在对抗过程中，Moses 将这名代理治安官和另一名内布拉斯加州的骑警打伤。两天后，一位在田地里干活的农民接到其继父打来的电话，继父在电话中警告他要小心一名亡命徒。恰好此时，Moses 经过这片田地，并将农民杀死，然后丢下自己的雪佛兰皮卡（农夫车，通常指带有开放式载货区的轻型卡车），驾驶被害人的皮卡逃走。此后，他还抢劫了一位年

第一章　法庭地质学概述

长的妇女。次日，有目击者称在怀俄明州看到 Moses 驾驶着盗窃车辆行驶。经过一番激烈的追捕，Moses 弃车而逃。当他逃入一幢农舍时，被当地的居民抓住了。

Jodi Webb 是一名 FBI 法庭地质学家，她在玻璃检验方面颇具经验。警方委托她对一些涉案的玻璃检材进行检测。通过折射率测定（使用 GRIM2 进行检测）、物理检验（使用显微镜进行检验）以及化学分析等手段，Webb 可以作出如下的结论：

● Moses 卡车（在杀害农民后留在田间的那辆）上的玻璃同其衣物上的玻璃是一致的；

● 被盗皮卡车上驾驶员座位一侧的玻璃与从农场里、被害人尸体上以及被抢妇人家里找到的玻璃是一致的。

法庭根据上述结论以及其他证据判定 Moses 有罪，并处以终身监禁。

有时，法庭地质学家能够帮助警方找到那些试图掩盖犯罪痕迹的犯罪分子。Jennifer McCrady 是俄亥俄州骑警 Jackie McCrady 的妻子，她在位于俄亥俄州贝尔普里的家中失踪了。一位当地居民曾向警方报告称，在 Jennifer 失踪的当天，他曾经看到一位酷似 Jackie 的人驾驶着一辆警车行驶在城外一个偏僻的地方。起初，警方并未过多关注这条线索；然而，当其他方向的侦查工作都毫无进展的时候，他们开始对那个城外偏僻的地方进行搜查，并发现一堆凌乱的土堆，下面埋着 Jennifer 的尸体。凶手使用0.357 英寸马格努姆转轮手枪将 Jennifer 杀死，并用 Jennifer 卧室里的床上用品将她的尸体包裹起来。这样看来，Jackie 便成为重要的嫌疑人。警方从 Jackie 的家中找到一把 0.357 英寸马格努姆转轮手枪；然而，枪筒里的膛线已经被人磨掉了，于是无法将它与从尸体里面找到的子弹进行对比分析。

威斯特摩兰麦克科隆小组（McCrone Associates of Westmont）位于伊利诺伊州，它是一家通过国际认可的鉴定机构。其副总裁兼科研部主管 Richard Bisbing 先生也是一名法庭地质学家。在搜查犯罪嫌疑人住宅的时候，警方曾经在车库里找到一把沾满泥浆的铁铲，于是他们委托 Bisbing 对铁铲上的泥浆以及埋藏 Jennifer 尸体处的泥浆进行对比。Bisbing 发现二者在颜色、颗粒粒径分布以及矿物学检测等方面是完全一致的，而且铁铲上所黏附的泥浆与 Jennifer 住宅周围的泥浆成分差异较大。Bisbing 的这份证词帮助陪审团弄清了 Jackie 谋杀妻子的犯罪事实。最终，Jackie 被判终身监禁（如果在狱中表现良好最低可减刑至 15 年）并被关押在俄亥俄州立监狱。尽管犯罪分子破坏枪筒膛线的行为给侦查工作带来了一定的阻力，然而，在这份法庭地质学证据的帮助下，犯罪分子最终未能逃脱法律的制裁。

在下面这个案件中，警方收集了多个与犯罪嫌疑人相关的土壤样品以及犯罪现场不同部位的土壤样品，并进行交叉对比分析。这种做法显著提升了证据的证明能力。Andrew Wolf 是加拿大多伦多法庭科学中心的一位法庭地质学专家，该案件中的土壤样品就是由他来负责检验的。这起特殊的案件淋漓尽致地展现出调查人员与实验室工作人员之间沟通的重要性。在该案件的侦查过程中，正是这种沟通与合作促使更多的土壤样品被收集并接受检验，从而显著提升了证据价值。

该案的犯罪嫌疑人是一名青年男子，他与继母约定在当地一个停车场见面，商讨遗产继承问题。当晚，停车场周围的一位居民首先听到一声骚动；然后看到一名男子从停车场穿过公路，并骑自行车逃走；最后，他发现那位继母死在了汽车旁边。警方收集到犯罪嫌疑人的跑鞋；此外，他们还在停车场旁边一处大片空地的中央收集了两份土壤样品，并送去进行法庭科学对比分析。

两只鞋的鞋跟和鞋底部位所黏附的泥浆清晰可见。检验结果表明，从颜色、结构以及颗粒粒径分布等角度观察，犯罪嫌疑人左脚鞋跟部位的泥浆与空地上提取的两份样品是一致的。其矿物组成也基本一致，只是鞋跟部位的泥浆中存在少量的石灰岩，这种成分是犯罪现场提取的泥浆中所没有的。从左脚鞋底、右脚鞋底与鞋跟部位提取的土壤中均可见石灰岩，而且其颜色和结构也与从犯罪现场收集的泥浆不一致。据此可以判断，这些泥浆可能

第一章　法庭地质学概述

来自另一处含石灰岩成分的土壤。尽管调查人员已经掌握了犯罪嫌疑人的逃跑路线，但是他们仍然无法判断发生土壤成分交换转移的具体位置。由于从现场提取的两份泥浆样品没有显著性差别，而且与从嫌疑人左脚鞋跟提取的土壤成分也基本相同（除了微量的石灰岩之外），因而调查人员推测这些差异性土壤成分很可能来自犯罪现场空地的边缘地带，因为那里的土壤与外界相连，成分更容易发生变化。于是，Andrew Wolf 要求警方提供更多与犯罪现场相关的信息，以解释土壤样品矿物组成方面的差异点。

据调查人员称，与停车场和空地相邻的主路两侧有沙砾路肩。于是，他们从主路和空地之间的路肩区域收集了三份土壤样品。检验结果表明，这三份土壤样品的颜色和结构各不相同，但是它们均含有石灰岩成分，而且其中一份土壤的颜色和结构与从嫌疑人右脚鞋跟处提取的土壤是一致的。根据这一检验结果，调查人员有理由认为犯罪嫌疑人左脚鞋跟部位的土壤很可能源自路肩与空地之间的某个交界处。由于犯罪嫌疑人的自行车曾经停靠在主路的另一侧，因而调查人员对那里的土壤样品进行了进一步收集，检测结果表明，这些土壤样品中也含有石灰岩成分，而且颜色和结构与从犯罪嫌疑人双脚鞋底提取的土壤是一致的。

通过对上述土壤证据的检测，Andrew Wolf 最终作出如下判断：从犯罪嫌疑人双脚鞋跟部位提取的土壤与尸体周围的土壤成分是一致的，从双脚鞋底部位提取的土壤与犯罪嫌疑人停靠自行车一侧路肩处的土壤成分是一致的。从犯罪嫌疑人运动鞋上提取的泥浆为本案提供了重要的侦查线索和方向，在强有力的证据面前，最终犯罪嫌疑人对自己的罪行供认不讳。

位于罗马的意大利警察实验室拥有一支大规模、高水平的法庭地质学专家团队。他们曾经为许多警察及现场勘查人员提供过相关的培训，帮助他们重视在侦查初期收集的土壤证据以及相关材料。2002 年 7 月，这支团队接到一项检验任务。案件发生在犹太宗教庆典的前一天，罗马警察发现有人故意破坏了范拉诺墓（罗马市内的一个犹太墓地）。一些墓碑出现断裂，许多坟墓被人挖掘而且棺材也被人打开了。报纸、电视等媒体纷纷对此事进行了报道，并声称第一起反犹太活动在罗马墓地展开了。许多官方人士认为，这起事件很可能与新兴纳粹势力或者中东冲突问题有关。如果事实果真如此，那么事件的性质就会发生彻底的改变。

经过一段时间的调查走访，警方将目标锁定到一群临时雇用的园丁，他们是负责对墓地进行美化的。在刑事司法勘查过程中，勘查人员从墓地里的一个箱子中找到一些属于这些园丁的工具，其中包括三把十字镐和两根铁棒。这些工具的表面有一些白色痕迹以及土壤颗粒。据这些园丁称，他们曾经在使用水泥修复墓地周围的部分破损围墙时用过这两根铁棒。于是，调查人员收集了犹太墓地内外的土壤、一些破碎的墓碑碎片以及被修补围墙上的水泥，并将它们提供给实验室进行对比，以判断这些园丁的口供是否真实。法庭地质学专家 Marco Allievi、Rosa Maria Di Maggio 和 Leonardo Nuccetelli 负责对上述物证进行检验。他们使用的检验手段有体视显微镜法、X 射线衍射法以及扫描电镜法；此外，他们还使用偏光显微镜对土壤样品的切片进行了观察。结果表明，在外观形态、化学成分、矿物学组成等方面，从工具表面提取的土壤与墓地内部的土壤是高度一致的。这些土壤当中含有石英、方解石、斜长石、高岭土以及方沸石。虽然检测结果表明这些土壤成分是一致的，但是，由于勘查人员是在墓地内部找到这些工具的，因此上述检测结论无法说明什么问题。

于是，工具表面的白色痕迹就显得极为重要。这些痕迹究竟是在破坏墓碑时产生的？还是如园丁所述，是由于接触水泥而产生的？警方对此持怀疑态度。墓碑的主要成分为大理岩、石灰华以及石灰岩质泥灰岩。从被修补围墙处提取的水泥中含有方解石、氢氧钙石以及斜硅钙石。使用体视显微镜观察工具上的白色痕迹时，可以发现它们是白色的紧凑体，很难剥离。在工具表面还有一些细小的斑纹，这是工具进行频繁上下运动时产生的。X 射线衍射结果显示，这些白色痕迹中含有大量的方解石以及少量的石英、斜长石。因此可以判断，无论是所含物质的种类还是相对含

第一章　法庭地质学概述

量，工具表面的白色痕迹与墓碑都是一致的。此外，使用扫描电镜/能谱仪检测样品的化学成分时，检测结果表明墓碑和工具上的白色痕迹中均含有大量的钙和少量的铝与硅；然而，水泥中的化学成分却与此完全不同。尽管犯罪嫌疑人提供了虚假的口供，但是上述物证却可以将被掩盖的事实真相呈现在我们面前。事实上，这些工具曾经与墓碑接触过，而且这些园丁就是对墓地实施破坏行为的犯罪分子。

在 Eugene Block 撰写的《科技与犯罪之间的较量》(*Science vs. Crime*) 一书中，他曾经描述了一个与地质学证据相关的、不同寻常的故事。这个故事精彩地验证了地质学证据与侦查办案之间的互动作用。故事发生在 1958 年，它涉及水泥、矿渣等多种材料以及 FBI 实验室和华盛顿特区警察局等多家相关机构。在安那克斯底亚河的一条支流旁边，有三个小男孩在那里钓鱼。突然，其中一个孩子的鱼钩似乎被一条大鱼狠狠地咬住了。然而，当他努力将"鱼"拉上岸时，却发现钓上来的是一具尸体，死者是政府职员 Ruth Reeves。有人使用电线将水泥块绑在尸体的腿部，使尸体沉入水底。华盛顿特区警察局警官 Lawrence A. Hartnett 对死者 Ruth Reeves 的住所进行了搜查，并发现了死者与另一男子的合影。经过邻居指认，该男子是 Phil.。据死者的邻居称，Phil. 是个嫉妒心很强的人，他曾经扬言要杀死 Reeves。Phil. 原名 Philmore Clarke，40 岁，就职于房屋委员会，是一名受人尊敬的职员。警方在搜查 Phil. 住宅的时候发现他家前院的围墙上少了两块水泥砖。此外，警方还在 Phil. 住宅后面的门厅里发现了一卷电线，其外观与犯罪现场缠在尸体上的电线非常相似。Phil. 的汽车也不见了，据他本人称是被人偷走的。然而，警方在距离他住所不远的地方找到了这辆车，而且他们可以确定这辆汽车是被 Phil. 的朋友藏起来的。

FBI 实验室的法庭地质学家对涉案的物证进行了检验，他们将绑在死者腿部的水泥砖与 Clarke 住宅院墙上的水泥砖进行了比较，结果表明二者相似度非常高。此外，将缠绕在死者腿部的电线与从 Phil. 家中找到的电线进行比较时，也得到了相似的对比结果。这样，Phil. 就成为重要的犯罪嫌疑人。于是，警方对其驾驶的汽车进行了进一步的搜查。他们使用吸尘器收集汽车内部的微量物质，并对其进行显微镜检验，结果他们从中找到了黑色的硅渣颗粒。此外，警方在犯罪嫌疑人 Phil. 和死者 Reeves 的衣物上也分别找到了类似的黑色硅渣颗粒。Hartnett 警官在得知这一线索之后，立即返回案发现场，并对周围的土壤样品进行了收集。在距离尸体发现处很近的一个地方，Hartnett 警官从那里的土壤中也看到了黑色、有光泽的硅渣颗粒。经过调查，Hartnett 警官了解到几公里之外的地方有一个发电厂，那里经常会有硅渣产生。由于发电厂的工作人员通常会将硅渣据为私有，因而有人曾经试着将一车炉渣铺到一段路的表面，而死者 Reeves 尸体被发现的地方恰好临近这段路。于是，这些硅渣颗粒就成为指控 Phil. 犯罪的重要证据。在强大的证据面前，Phil. 向法官 John Sirica 承认了自己的罪行，并被判处 5 年至 20 年有期徒刑。

2001 年，Marianne Stam 是就职于加利福尼亚州司法部的法庭地质学家。她通过出色的工作所提供的信息和证据，为破获发生在加州南部的一起强奸及人身攻击案起到了至关重要的作用。她也因此获得了加利福尼亚州刑事专家协会授予的奖章。Stam 根据自己所积累的关于犯罪现场地质学证据方面的知识，为案件证据的收集提供了重要基础。1999 年，一位妇女带着她的几个孩子接受了一名相识男子的邀请，并搭乘他所驾驶的汽车。该男子将他们带到新河（加利福尼亚州因皮里尔县）岸边的一个僻静之处。在强奸了这名妇女后，该男子试图切断她的喉咙并将其淹死。然而，这位母亲奇迹般地活下来了。她和孩子一块逃了出来，并在河里躲藏了三十多个小时，之后她们前往当地警署报案。接到报案后不久，警方就找到了一名犯罪嫌疑人，并在其住所把他拘捕。虽然此时犯罪嫌疑人已经洗过澡，而且他的衣物也被女朋友清洗过了，但是，他的鞋却未被清洗。他矢口否认曾经和被害人有过接触，也否认去过犯罪现场。当警方问及他左臂上方和腿部下方

第一章 法庭地质学概述

的伤痕的形成原因时，他说其中有一些是他女朋友抓伤的，还有一些是在工作过程中不小心弄伤的。

受害人能够指认出遭受侵害的犯罪现场就在沙顿海（位于洛杉矶市郊区的一个湖）的南部、加州埃尔森特罗的西北部。那位受害的妇女甚至可以准确地指出犯罪分子将她带往案发现场时所经过的河岸。因为沙顿海在那里被分为几个不同高度的河流阶地。Stam 来到犯罪现场，并对现场和周围的土壤样品进行了采集。此外，她还观测了该地区土壤的种类和分布。她注意到在与犯罪现场紧邻的地方以及其他几处小块土地上，均分布着一种白色的风积物，它主要是由石英和一种淡水生物的小贝壳组成的。此外，Stam 从犯罪嫌疑人右脚所穿的鞋上也找到了这种风积物。由于这种贝壳在该地区广泛分布，因而它们本身不能对案件起到有价值的证明作用。然而，通过比较从犯罪嫌疑人鞋底提取的土壤与从犯罪现场提取的土壤，Stam 发现它们在颜色、矿物颗粒形状以及轻、重矿物组合等方面具有高度相似性。这样，结合 Stam 之前的发现，这些证据就为指控犯罪嫌疑人的罪行提供了重要依据。

2002 年 9 月 26 日发生的一起案件也再次证明偶然发现的异常物证的重要性。有人向警方报告称自己被困在史蒂文圣约翰河（弗吉尼亚州弗兰特落地区）的一座小桥上。沃伦县警官赶到现场时发现了一具男尸，死者的脸部被散弹枪击中，当地的执法人员辨认出死者曾经参与过一起毒品交易案；此外，现场还有一名受重伤的幸存者，同样遭到散弹枪击，根据他提供的线索，袭击他们的人很可能是 Lewis W. Felts。Felts 也曾经参与那起毒品交易案。经过查证，James W. Cornett 警官了解到 Felts 住在大约 80 公里的外亚历山大（弗吉尼亚州）。于是，他同亚历山大当地警方联系，并提出对犯罪嫌疑人 Felts 进行监控。在得知犯罪嫌疑人准备冲洗自己的吉普车后，Cornett 请求当地警方立即将车辆扣押，以防止潜在的微量物证遭到破坏。这一决策至关重要，因为之后警方在吉普车上找到了大量的河砂。由于 Felts 长期居住在城市里，而且很注意保养车辆，因而在他吉普车上出现的这些河砂就颇具决定性。它们是否能够证明 Felts 的吉普车曾经去过史蒂文圣约翰河？

　　警方邀请到来自弗吉尼亚州另一个县的 Junger 博士对从嫌疑车辆和犯罪现场上收集到的砂石样品进行对比分析。Junger 博士的职业生涯非常辉煌。他曾经在一艘核潜艇上任首席药剂师；任职期间，他通过自学获得了法庭地质学博士学位。之后，他成为美国国防病理中心的一名法庭科学工作者，并协助美国国防部侦破了多起案件。从海军退役后，Junger 成为一名执法工作人员。在他的职业生涯中，最重要的一件事是他创建了美国法庭地质学家协会。

　　通过检验，Junger 发现从嫌疑人吉普车上找到的砂石与从犯罪现场找到的砂石相比，它们在颜色、颗粒粒径分布以及矿物组成（包括重矿物组分锂辉石与电气石）等方面都具有较高的相似度。此外，两份样品中都含有蓝色的铜矿石，即孔雀石与蓝铜矿。在距离犯罪现场一公里的河流上游地带，那里曾经盛产上述矿物。许多年之前，那里曾经有一家采石场，专门采集铜矿。孔雀石与蓝铜矿的摩氏硬度较低，因此它们无法被流动的水输送到较远的地方。因此，在距离犯罪现场一公里的河流下游以及在距离采石场一公里的河流上游，都无法找到这些矿物。这份证据充分地说明 Felts 的吉普车曾经去过案发现场，而且在开车过河的时候导致这些特征性的砂石进入到自己的车上。在强大的证据压力下，Felts 于法庭审判的前一天对自己的罪行供认不讳。目前，他正在弗吉尼亚州监狱服刑。

　　在案件侦破过程中，地球物理学的研究方法也经常会发挥至关重要的作用。国际死尸搜查组织（NecroSearch International）于 1991 年成立，法庭地球物理学家 G. Clark Davenport 是该组织的创建人之一。他们综合使用多种自然学科的研究方法去寻找发现尸体，并通过这种方式配合执法机构的工作。截至目前，国际死尸搜查组织已经对发生在 20 个州以及 6 个境外国家的两百多起案件开展了侦查工作。金属探测器、探地雷达等地球物理学工具

第一章 法庭地质学概述

和仪器已经成为协助他们开展工作的重要手段。Davenport 曾经处理过这样两起最具代表性的成功案件。在其中一起案件中,他准确地找到了埋藏在水泥板底下 28 年之久的尸体;在另一起案件中,他从一辆沉没在密西西比河底 7 年之久的汽车中找到了一具被害人尸体。

此外,Davenport 曾经处理过这样一起案件,因为该案曲折的案情和满意的处理结果,所以 Davenport 久久不能忘却。一辆皮卡车沉入临近波特兰市的哥伦比亚河中,国际死尸搜查组织接到请求,要求他们协助找到皮卡车的位置。经查证,卡车的车主是一名前科犯,曾因猥亵儿童罪入狱服刑。刑满释放后,他在一家轮胎公司找到了一份工作。人们最后一次看到他时大约是在 14 个月之前,那时他正驾驶着一辆载满轮胎的货车,替老板运货。同日上午,警方接到报案称一名男子猥亵了一个小女孩,这个小女孩恰好住在这位卡车车主家的附近。

波特兰市警察局还了解到这样一个情况,在卡车车主失踪的那天上午,美国海岸警卫队曾经发现许多轮胎在哥伦比亚河中漂流。此外,轮胎公司的老板表示,这位卡车车主的工作表现非常出色,因此他非常信任他,每周都让这位卡车车主负责到银行去存钱(也就是轮胎商店的收入)。在美国陆军工程兵团以及美国海岸警卫队的配合下,Davenport 和他的同事们全面掌握了前 14 个月中哥伦比亚河河川径流、沉积、冲刷以及河水泛滥等方面的信息。此外,从航空摄影结果中,他们也能找到卡车从轮胎仓库前往轮胎商店的准确路线。此外,对皮卡车发动机进行磁场模型分析的结果表明,它在磁勘探中有信号响应。

于是,国际死尸搜查组织派出两位地球地理学者,使用磁力梯度仪,对哥伦比亚河下游(美国海岸警卫队初次发现轮胎的地方)与上游(卡车车主驶入河边公路的地方)之间的一段路线进行探测。美国陆军工程兵团提供了一艘工作艇,美国海岸警卫队则提供了实时差分全球定位数据。从磁剖面数据中,他们发现了很多物体的存在,其中一些物体的信号与卡车发动机的信号非常相似，于是专家将这些位置在地图上清晰地标注出来。次日，警方派出潜水部队，根据地图上标注的位置，他们在水下找到了一辆皮卡车，并首先将车牌带出水面。车牌所显示的车号表明，水下的那辆卡车恰好是警方所寻找的目标。他们还从卡车的驾驶室里发现了一具尸体，死者正是那位失踪的卡车车主。根据了解到的相关线索，警方作出了如下判断：当日对小女孩实施猥亵行为的不是死者，因为那时他已经死亡了。法医检测结果表明，死者在沿河驾驶车辆时，可能因为吸烟而引发剧烈的咳嗽，在身体抖动过程中，卡车由于失去控制而翻滚几次后坠入河中。虽然一些证据能最终认定犯罪嫌疑人的罪行，但是，也有能够洗刷犯罪嫌疑人罪名和还他们以清白的证据，这些证据比比皆是。向司法机关提供客观的、公正的信息和意见，这才是法庭科学工作者真正的职责所在。

英国也有一家与国际死尸搜查组织类似的机构，即司法搜救顾问协会（Forensic Search Advisory Group）。该协会是一个个人团体，其组成成员都是在搜寻尸体及被隐藏的物体等方面具有丰富经验的专家，他们具备一线现场勘查经验，不仅熟悉各种司法勘验的技术和技巧，而且还是推动相关技术研究发展的专家。该组织设置了一个专门项目，用于解决勘验、防御方法研究中的基础问题，并促进理论研究结果在实践中的应用。同国际死尸搜查组织一样，司法搜救顾问协会也多次参与国际调查。这类组织通常开展两种类型的搜查。第一种类型的搜查是指当有人指出尸体所在的大致位置之后，根据有限的线索去寻找尸体的准确位置；第二种类型的搜查是指在找到犯罪嫌疑人的情况下去寻找失踪的人。

1991年7月9日，利兹市的妓女 Julie Anne Dart 被人绑架了。在这起案件中，一块特殊的"砖"对案件的侦破起到了重要的作用。在绑架者的强迫下，Dart 写信通知家人她被绑架了，而且要求家人向警方报案。与此同时，位于约克县的利兹市警察局也接到一封来信，信上声称一位妓女被绑架了，并要求政府付

第一章 法庭地质学概述

14万英镑的赎金，以保证人质的安全。绑架者还要求交赎金的人要于7月16日晚上，在位于伯明翰新街火车站的一个电话亭里等待通知。当日傍晚，警方安排了一名工作人员在电话亭里等待；正当他接通电话时，电话却被对方挂断了；而且，绑匪也没再打过任何电话。于是，警方只好取消了这次行动。

三天后，人们在林肯县格兰瑟姆南部的一片空地上发现了Dart的尸体，尸体上面裹着一条床单。凶手在使用凶器猛击Dart数下之后，把她扼死了。不久之后，警方再次接到绑匪的来信。绑匪首先在信中虚伪地对Dart的死表示遗憾；然后要求政府继续付赎金，否则类似的惨案将继续发生。绑匪只是在信中留下几条要求，之后再未同警方进行过任何联系。

大约同一时期，在临近巴恩斯利地区、利兹市南部的M1高速公路上，高速公路养护工作人员从由北向南行驶的路线上发现了一个表面带有红灯的小圆柱状物体。由于怀疑到该物体可能具有较高的危险性，因而军事防爆小组关闭了该段高速公路，并试图拆除这个装置。之后，他们发现这个装置不具任何危险性。警方从这个圆柱状物体的旁边找到一块白砖，上面粘着一封信。

22岁的Stephanie Slater是一名来自伯明翰大巴尔地区的不动产中介人。1992年1月22日，Slater如约会见一位潜在客户，但却遭到歹徒的绑架和强奸。从表面上看，该案犯罪分子所使用的作案手段与Dart被害案毫无关联。歹徒通过语音电话向警方索要17.5万英镑的赎金。8天之后，歹徒收到赎金并将被害人释放。随后，警方将犯罪嫌疑人的电话录音通过BBC（英国广播公司）的Crimewatch节目向公众播出。一位妇女通过语音识别出犯罪嫌疑人正是她的前夫Michael Sams——一位失去一条腿的残疾人。

Andrew Smith是一位法庭地质学家，同时他也是一位矿物学家。警方委托Smith对从M1高速公路上找到的那块白砖进行检验。初步的外观检验结果表明，这是一块密度很高、烧结较好的砖。砖体本身为紫红色。进一步的检测结果表明，这块砖主要由石英、方英石、多铝红柱石、钙长石、钛铁石、赤铁石以及堇青石组成。其中，钙长石是一种含钙丰富的长石，较为罕见。大多数英国境内的砖由含钾丰富的长石组成，含钠或钙丰富的长石多数用在工业上烧制玻璃陶瓷。此外，只有在烧结温度高于 1 100 摄氏度（华氏 2 000 度）的砖里才能找到方石英。

上述化学分析结果表明，这块砖的成分与英国石炭纪含煤地层中的埃特鲁利亚组泥灰岩的成分比较相似，只是其中钙元素含量略高。通常情况下，埃特鲁利亚泥灰岩的含钙量较低；但是，在英格兰斯塔福县纽塞安德莱姆地区的两个采石场中，人们曾经发现含钙量较高的埃特鲁利亚泥灰岩。因此，这种特殊的物质就将这块砖的来源范围大大缩小了。这块砖的尺寸为非标准的，只有两家砖厂曾经订制过这种特殊规格的砖，其中一家距离犯罪嫌疑人 Sams 工作的地方只有 200 米。警方从这家砖厂找到了类似的砖块，其外形、矿物学组成及化学组成均与从犯罪现场找到的砖块一致。1992 年 6 月，经诺丁山皇家法院裁定，犯罪嫌疑人 Sams 因犯绑架罪、谋杀罪及勒索罪，被判处四次终身监禁。Sams 对自己的罪行供认不讳，并交待了埋藏赎金的地点。警方最终通过探地雷达找到了那些被埋藏的赎金。

1999 年的一天下午，一辆小货车停在东洛杉矶一条繁华居民区的街道上，人们从该车后座上发现了一具男尸，死者衣衫不整、身体很健壮，应该是一名体力劳动者。一位经验丰富的侦探负责此案件，他对小货车进行了仔细的观察，发现车轮轮辋槽里有几个大土块，其中一部分已经掉到小货车下方的地面上。在得知这些土壤有可能成为价值较高的证据后，他将它们收集起来。

不久，警方发现了一名犯罪嫌疑人，并对他的住宅进行了搜查。在犯罪嫌疑人所居住的房子前面有一条混凝土车道。房子前院显得有些凌乱，与这条车道紧邻，院子里有一片潮湿而又贫瘠的大面积空地，种种迹象表明经常有车辆从车道驶入住宅的前院。因为地面上的轮胎痕迹较浅，所以警方无法辨认出轮胎的品牌。调查人员从车道、住宅前院以及住宅后院收集了土壤样品。他们还从房子周围 10 公里范围内收集了几处土壤样品，用以考察周围地区土壤颜色以及组成方面的变化规律。经验丰富的法庭地质学家 William Schneck 负责对此案涉及的地质学样品进行检测。

Schneck 对从小货车上收集的土壤以及从嫌疑人住处收集的土壤进行了对比检验,以确定二者的来源是否一致。双目体视显微镜和偏光显微镜的检测结果表明,两种土壤样品的颜色及矿物组成是一致的。Schneck 在两份土壤样品中发现了灰泥颗粒、涂料碎屑以及闪闪发亮的小片之类的人造材料;此外,两份土壤样品中还出现了一些大小、形状非常相似的小颗粒,这些小颗粒的表面被涂料覆盖,有红色、绿色、白色及棕色等多种色彩。这些特殊的颗粒究竟来自哪里?它引起了检测人员极大的兴趣。Schneck 以环氧树脂为黏结剂,对这些小颗粒进行抛光处理,然后将其放在偏光显微镜下观测其光学特性。进一步的检测结果表明,这些颗粒当中,有的表面黏附了焦油和玻璃纤维。对比检测发现,这些成分与沥青油毡瓦的成分是一致的。自然状态下的沥青油毡瓦会慢慢地老化,随着时间的推延,里面的岩石颗粒会逐渐掉出来。自然界的风吹雨打等作用可使这些松散的岩石颗粒从屋顶落到地面上,并与房子周围的土壤混合在一起。

在审判过程中,Schneck 从颜色以及矿物组成的角度,向法官和陪审团说明了如下客观事实,即从被害人小货车上找到的泥浆与犯罪嫌疑人宅院里的泥浆样品具有相似性。Schneck 还重点阐述了另一问题,即两种土壤样品中均包含一些痕量的人造材料,如屋顶瓦砾、玻璃纤维以及沥青等。根据上述证据,Schneck 可以非常肯定地作出如下判断:被害人的小货车曾经在犯罪嫌疑人住宅前面的那条车道上行驶,并停在住宅前院那块泥泞的地方。也就是说,犯罪嫌疑人将被害人杀死,把尸体放到被害人自己的小货车上,然后将车开到大约三公里之外的地方。最终,法庭根据上述证据判处犯罪嫌疑人一级谋杀罪。

Brad Lee、Tanja Williamson 和 Robert Gaham 是三位著名的地球学家和土壤学家,他们曾经处理过这样一起非同寻常的案例。1997 年 4 月,加利福尼亚州圣地亚哥地区的律师找到他们,并请求他们协助处理一起涉案金额为 4 万美元的棕榈树盗窃案件。被害人曾经从国外进口了一些树种,然后使用一种特殊的、散装购买的盆栽土壤对上述树种进行培育;然而,在他耐心等待收获的时候,这些棕榈树却不翼而飞了。警方来到被害人家中,在其院子里发现了残留下来的树根,于是他们对附着在树根上的盆栽土壤进行了收集。之后,经过调查,警方找到了一位犯罪嫌疑人,其家中种植了 33 棵棕榈树,于是警方对这 33 棵棕榈树根球部位的土壤进行了收集,同时还收集了嫌疑人住宅院子里其他部位的空白土壤。检验结果表明,这 33 棵棕榈树分属于 7 个品种;而被害人失踪的棕榈树有 6 个品种,全部包含在前面 7 种范围之内;唯独一种名为 Phoenix roebillini 的品种,是被害人所没有的,因此这个品种的棕榈树不可能是警方寻找的对象。

专家们使用了多种方法对上述土壤样品进行了检验,包括碳酸盐测定法、颜色检验、颗粒粒径分析以及矿物学组成确认等。他们考察了轻矿物组分与重矿物组分之间的比例,并对重矿物组分进行了识别。在对 300 个矿物颗粒进行了矿物学组成分析之后,专家们确定出其中的重矿物组分有角闪石、黑云母、锆石、绿帘石以及一些不透明矿物,它们与被害人所使用的盆栽土壤中的风化花岗岩成分是一致的。其中的角闪石是出现频率最高的重矿物,它的存在对案件证明起了重要作用。

经过检验,专家们得出这样的结论,在犯罪嫌疑人家的 33 棵棕榈树中,有 25 棵棕榈树所使用的种植土壤与被害人家中所使用的盆栽土壤一致;在剩余的 8 棵棕榈树中,其中 6 棵因品种差异而被排除在外,剩余的两棵则无法证明是来自被害人家的。控方在第二次听证阶段展示了上述土壤证据。在铁证面前,犯罪嫌疑人不再狡辩,并承认了自己的罪行。

John McPhee 在 1997 年出版的《惹是生非》(Irons in the Fire)一书讲述了一个动人心魄的故事。故事来源于一个真实案例。Enrique Camarena Salazar 是美国缉毒局的特工,他发现了墨西哥奇瓦瓦地区的一片大麻种植地。在收到他的信息后,美国缉

第一章 法庭地质学概述

毒局将这片大麻种植地烧毁，并导致土地的主人——墨西哥毒枭 Rafael Caro Quintero 和 Ernesto Fonseca Carrillo——损失3亿美元。之后，在瓜达拉哈拉的一条公路上，有人在光天化日之下绑架了特工 Camarena。事件发生后，美国白宫、国务院以及华盛顿多数执法机构对墨西哥政府以及墨西哥联邦部队施加了巨大压力，要求他们寻找失踪的 Camarena 并解决这起绑架案。在此期间，美方遇到了来自墨西哥执法机构的质疑，用墨西哥一位执法官员的话说："墨西哥政府每年至少有两百名缉毒特工失踪，美国政府至于对一名失踪特工事件如此兴师动众吗？"由于文化背景不同，因而两国政府针对特工失踪问题所持态度也有所不同；但是，导致这一差异的深层次原因在于，墨西哥联邦部队及其他一些政府机构可以从毒品交易过程中受益，长久以来，他们与毒贩之间产生了千丝万缕的联系。目前，这种不正当关系已经日趋暴露。墨西哥警方决定迅速解决这一棘手问题。米却肯州有一个农场，农场的主人 Bravo 一家是些不成气候的毒品偷运者。墨西哥警方将 Bravo 家的爸爸、妈妈及三个儿子全部杀死。在火并过程中遇难的还有一位墨西哥联邦部队的警官；他们在 Bravo 家的农场里找到了 Camarena 及其向导 Alfredo Avelar 的尸体。这个消息引起了全世界范围的关注。

美国 FBI 的法庭地质学家 Ron Rawalt 对墨西哥警方的发现产生质疑。根据他的猜测，很可能有人从其他地方挖出尸体，然后将其重新放置到 Bravo 家的农场里。Rawalt 的猜测并非毫无根据：首先，被害人的尸体被床单包裹之后放在地面上；其次，该地区周围未见明显的、敞开的坟墓；此外，所有的潜在证人都死了。Rawalt 的猜测得到了美国政府的认可。于是他立即同墨西哥城的美方代表联系，并要求他们将 Camarena 尸体表面所有的土壤样品都收集起来。最终，他得到了大约一茶匙量的土壤样品，其中掺杂着部分尸体腐败组分。此外，Rawalt 还得到了来自 Bravo 家农场的土壤样品。进行实验室检测时，Rawalt 首先使用血浆还原设备将土壤样品中的尸体腐败成分去除，使岩石和矿物组分得以分离。之后，Rawalt 通过观测发现，来自 Bravo 家农场的土壤是呈暗灰绿色的黑曜岩；而被害人尸体表面的土壤则是白色至茶色的凝灰石。这种矿物组成方面的差异足以证明，被害人的尸体不是被埋在 Bravo 家农场的。那么，埋藏尸体的真正地点究竟在哪里？Rawalt 非常清楚，对于上述问题的回答将再次证明墨西哥警方对 Bravo 家的突袭只是为了遮人耳目。

经过检验，从被害人尸体上找到的岩石碎片是流纹岩质火山灰。这种物质只出现在火山爆发时，因为在较高的温度下它可以快速地流动。1980 年，圣海伦斯火山爆发后，覆盖在西北地面的物质也是流纹岩质火山灰。土壤样品中出现的一些其他种类矿物也非常值得注意，如黑色的方铁锰矿、方石英（一种漂亮、罕见的粉红色玻璃）以及蛋白石等。其中，方石英晶体呈狭长形，晶面清晰可见。如果上述矿物中的某一种单独出现在流纹岩质火山灰的孔洞中并不足为奇；但是，如果几种矿物同时出现在流纹岩质火山灰的孔洞中就非常罕见了。正如联邦调查局的法庭地质学家 Chris Fiedler 所指出的那样："这些特征可以帮你从整个墨西哥的国土上找到这一茶匙土壤的准确出处。"正是这些矿物之间的奇特组合，缩短了调查人员与事实真相之间的距离。

Rawalt 来到图书馆查询与墨西哥境内岩石分布相关的文献资料，他从 Gail Mahood 发表在《火山学与地热研究》杂志的一篇文章中找到了相关描述。根据文章的描述，墨西哥哈利斯科地区曾经出现过类似从被害人 Camarena 尸体表面找到的岩石。

于是，Rawalt 去拜访美国史密森学会的矿物学家，共同探讨 Camarena 被害案中的证据。幸运的是，当 Rawalt 到达史密森学会的时候，恰逢一位曾在墨西哥哈利斯科地区工作过的访问学者。正当 Rawalt 描述案情的时候，这位访问学者打断了他的谈话，并称 Rawalt 所描述的矿物很罕见，仅仅出现在哈利斯科州公园 (Bosques de la Primavera) 内的一处特定区域。这位访问学者从地图中找到了该特定区域，于是 Rawalt 同其他三位联邦调查局法庭科学专家一同前往墨西哥深入调查。他们的调查工作遭到墨西

第一章 法庭地质学概述

哥政府的阻挠，墨西哥政府对 Rawalt 等人的调查工作实施了监视和限制。在一位知情人的协助下，最终 Rawalt 使用搜救犬寻找到与被害人 Camarena 尸表土一致的地质材料。至此，调查工作圆满结束。最初埋藏被害人 Camarena 的地方被找到了，墨西哥政府向全世界宣布的"谎言"也不攻自破。最终，在这起饱含政治味道的复杂案件中，犯罪分子被绳之以法。

通过本章介绍的这些案例，我们可以清晰地看到，无论是在刑事案件还是民事案件中，法庭地质学家都能在很大的范围内为案件提供有价值的证据。在接下来的几章中，本书将首先对法庭地质学的动人发展史进行详细的介绍；然后，本书将对矿物、岩石、土壤以及相关材料的检验环节进行更为细致的描述，以帮助读者了解上述地质学检验对象是如何在案件中发挥证明作用的；此外，本书还将针对法庭地质学材料的检验方法，地质证据采纳的法律基础，矿业权、矿藏、宝石和艺术品诈骗案件中地质证据的应用情况，以及这门学科的发展方向进行阐述。

第二章

从福尔摩斯时代至今

无论是在真实的历史还是传说之中,我们都能找到这样的印记,即对岩石及矿物加以利用,根据经验和观测结果来解决司法过程中遇到的问题。例如,在一个流传至今的古老传说中,曾经有过这样的描述,睿智的思想家可以根据马蹄上黏附的岩石碎屑,判断出敌人安营扎寨的地方。然而,当犯罪调查实验室技术发展起来且勘查人员获得关于地质材料在侦查办案中作用的培训之后,地质学及土壤学知识才得以正式运用于犯罪调查当中。到了19世纪末,法庭地质学已经得到广泛的应用;截至那时,法庭地质学已经发展到一个较高水平;时至今日,其证明方式和证明能力仍然被司法系统广泛采纳。无论是刑事案件还是民事案件中,以地质材料作为载体的证据,在侦查办案及法庭审判过程中发挥着重要的作用。

1887年至1893年期间,物理学家Arthur Conan Doyle撰写的《福尔摩斯探案集》陆续问世。作者在脑海中构思出许多潜在的科学观点和方法。尽管这些观点及方法并未得到实践的检验,但是,作者却向全世界范围内的读者传递了这样的理念:自然科学及技术将在未来的司法过程中发挥重要的作用。随后,追寻着作者Arthur Conan Doyle脑海中的脚步,调查人员逐步建立起许多科学方法,并在解决实际案件过程中发挥了作用;很多自然科学的分支,包括地质学在内,也都在向刑侦领域逐渐渗透。

关于福尔摩斯法庭地质学方面的思想,备受尊敬的Watson博士曾经这样概括:"法庭地质学颇具现实意义,但存在一定的局限性。它对土壤之间的表观差别进行判断。对于裤子上的斑点,可以从颜色及组成的角度,判断出这种物质究竟源自伦敦的哪个

第二章 从福尔摩斯时代至今

角落。"从 19 世纪末至今,可以被法庭地质学借鉴的信息及技术的数量已经相当可观。尽管我们非常清楚,现实当中并不存在福尔摩斯这样的神奇人物,但是,作者 Arthur Conan Doyle 确实将法庭地质学的基础观念深深埋入人们的脑海中;而且,这些观念已经成为促进法庭地质学发展的基础。例如,土壤的种类是不计其数的;即便在很短的距离之内,不同位置之间土壤成分的差异也是显著的;可以从衣物、工具以及交通工具等部位,对黏附的地质材料进行收集,以获得土壤样品;通过对土壤样品进行检验,可以推断出某人与某一特定位置有过接触。

Hans Gross 是一位奥地利犯罪调查工作者,同时他也是一位在犯罪学领域颇有建树的教授。虽然在 Gross 的职业生涯中,福尔摩斯这个虚构的人物还未出现,因此他也无法受到《福尔摩斯探案集》中启蒙思想的影响,但是,Gross 却在实践当中率先将科技手段应用到侦查及审判过程中。他的职业生涯很丰富,从法律顾问到州律师,最后就职于格拉茨市上诉法院。除了关注将科技手段应用于侦查及审判过程的问题之外,Gross 还对导致犯罪的潜在原因、监禁过程中犯罪分子个性及精神方面的变化以及恢复方法等问题进行过专门研究。科技手段在侦查、审判中的应用是 Gross 最为关注的一个话题,为了进一步促进科技与犯罪学之间的结合,他于 1893 年出版了《预审法官手册》(*Handbook for Examining Magistrates*),书中涵盖了当时司法实践中出现的所有科学方法,包括法医学、毒物学、血清学以及弹道学等。时至今日,《预审法官手册》仍然不失为一本经典而又实用的书籍。最为可贵的是,Gross 的思维颇具前瞻性和创造性,他在书中还对许多潜在的法庭科学方法进行了预测,其中包括地球科学。他甚至还提出这样的具体建议,即通过显微镜观测及矿物学检测的方式,对"附着在鞋上的灰尘和泥浆以及衣物表面的斑点"进行研究。他用敏锐的目光发现了"同千辛万苦的调查相比,附着在鞋上的泥浆更能帮助我们反推穿着者曾经身处的环境"。随后,《预审法官手册》被译成英文版,并重新命名为《犯罪调查》(*Crimi-*

nal Investigation）。它对于后期法庭科学（即科学方法手段在犯罪调查中的应用）的发展产生了深刻的影响。

无论是虚构的小说还是现实的学术论著，《福尔摩斯探案集》及《犯罪调查》两本书都为地质科学及土壤科学在刑事侦查中的应用提供了平台。将这一前瞻性思想变为现实仅仅是时间问题而已。

Hans Gross，1847—1915，公认的刑事科学侦查创始人。他支持刑事诉讼科学，并在几所大学中通过不懈的努力建立这门学科。（图片由 H. Louis 提供）

Georg Popp 是一位化学家，他在德国的法兰克福经营一间实验室。同 20 世纪初期许多可以提供咨询服务的实验室一样，Popp 的实验室也可以为食品研究、矿泉水分析、细菌学以及许多相关领域提供化学分析和显微镜检验两项服务。1900 年的某一天，法兰克福的一位犯罪调查官员受到《犯罪调查》的启示，找到 Popp 并请求他帮助检验遗留在犯罪嫌疑人裤子上的斑点。在听取了犯罪调查官的介绍之后，Popp 对犯罪学产生了浓厚的兴趣，并逐步致力于化学分析与显微镜检验技术在法庭科学中的应用研究。

第二章 从福尔摩斯时代至今

Georg Popp，德国法庭科学家。1904年，他所研究并展示的证据被许多人公认为是地质材料在刑事案件中作为证据使用的首例。（图片由 Jürgen Thorwald 提供）

1904年10月，警方邀请 Popp 处理一起谋杀案。人们在一片大豆种植地中发现了女裁缝师 Eva Disch 的尸体，犯罪分子用 Disch 的围巾将其扼死。警方在案发现场找到一块脏手帕。通过检验，警方在手帕上的鼻涕里找到了小块煤炭颗粒、鼻道抽吸物颗粒以及矿物颗粒，其中的角闪石颗粒尤为惹人注意。犯罪嫌疑人 Karl Laubach 在当地的煤气厂和采石场工作。警方提取了犯罪嫌疑人指甲缝中的遗留物，Popp 通过检验从 Laubach 指甲缝遗留物中找到了煤炭颗粒及矿物颗粒，包括角闪石。根据上述分析结果，警方可以推断 Laubach 曾经使用过这块手帕。

于是，Popp 对从 Laubach 裤子上提取的土壤样品进行了进一步检验，他发现该样品由两层物质组成。内侧一层的土壤成分与被害人尸体周围的土壤成分是一致的；包覆在这层土壤外面的，是截然不同的另一种土壤。Popp 对这第二层土壤进行了矿物学分析，同时选取从案发现场与犯罪嫌疑人住所之间小路上提取的土壤进行了对比，Popp 发现二者在矿物组成以及颗粒大小（尤其是破碎云母的颗粒大小）等方面具有较高的相似度。根据这些分析结果，警方可以作出如下推断推断：犯罪嫌疑人 Laubach 首先来到案发现场，并在裤子上黏附了第一层土壤物质；然后，他在返回住所时，途经富含云母的泥泞的小路，泥浆飞溅到 Laubach 裤子的表面，并形成了第二层土壤物质。在强大的证据面前，Laubach 对自己的罪行供认不讳。当天，法兰克福的多家报纸都在头版对这起案件进行了报道，并称 Popp 为"显微神探"。

虽然在一个世纪后的今天，我们无法确定 Popp 的证据是如何在法庭上站住脚的，但是，在旷世之作《犯罪调查》问世十年后，就有人将矿物学研究方法应用到实际案件当中，这是历史性的进步。作者 Gross 的预言得到了现实生活的验证，这一典型案例足以同虚构的福尔摩斯故事相媲美。

1908 年春天发生的一起案件再次证明了地质学信息的重要性。在巴伐利亚的罗肯豪森镇，Margarethe Filbert 被人谋杀了。Sohn 作为该地区的律师，想要确定从被害人手中找到的几根毛发的来源。Sohn 也是《犯罪调查》的读者；同时，他还通过报纸了解关于 Popp 在 Disch 被杀案中的精彩表现。于是，Sohn 慕名而来，在法兰克福找到 Popp，并邀请他对涉案的毛发及其他样品进行检验。

于是，Popp 对上述样品进行了深入检验。他首先确定了一点：这几根毛发来自被害人。虽然这个结论并不振奋人心，但这丝毫没有影响 Popp 对其他样品的深入检验。从 Andreas Schlicher（在当地工厂就职的工人，本案首要犯罪嫌疑人）所穿着的正装鞋上，Popp 发现了少量很特别的土壤。据称，Schlicher 在当地的口碑不太好，他曾经涉嫌偷猎。通过调查，警方得知在案发前一天夜里，犯罪嫌疑人的妻子曾经帮他清洗过那双正装鞋；而且，除了案发当天，犯罪嫌疑人没有再穿过那双鞋。Schlicher 矢口否认自己同这起案件有任何关联；而且，他还声称自己没有在案发当天去过那片大豆种植地。在案发现场附近的一个废弃的城堡里，警方找到了属于 Schlicher 的裤子、一支步枪和一些弹药。经过检

第二章 从福尔摩斯时代至今

验，警方确认这些弹药属于犯罪嫌疑人 Schlicher。即便如此，犯罪嫌疑人仍然没有放弃狡辩，他称自己是在案件发生以前，将那些物品放到城堡里去的。

于是，Popp 从与犯罪现场和犯罪嫌疑人相关的不同场所，收集了多份土壤样品；同时，在地质学家 Fischer 的帮助下，开展了全方位的检验工作。从犯罪嫌疑人住所提取的土壤样品是一种比较特殊的土壤样品，里面包含了斑岩、乳白色石英及云母等矿物成分，此外还有植物根部纤维、风化的麦秆以及落叶。从犯罪现场提取的土壤样品则是由红色砂岩、棱角状石英、含铁黏土以及少量植物组成。从废弃城堡提取的土壤样品则包含煤颗粒、大量的砖粉以及来自墙面脱落物的水泥。此外，Popp 还注意到，在犯罪嫌疑人住所周围，绿色的鹅粪随处可见。

在对犯罪嫌疑人所穿的正装鞋进行检验时，Popp 在鞋的前面发现一块厚厚的泥浆。因为鞋子洗过之后只穿了一次，所以这块泥浆一定是来自案发当日的。经过检测，这块泥浆呈多层结构。根据 Popp 的观点，这种多层结构反映出不同土壤黏附的时间顺序，即紧贴在鞋底皮革上的那层泥浆一定是最先黏附上的。Popp 仔细地将每层土壤剥离下来，于是他找到了这样的答案：鞋底首先黏附了鹅粪，然后黏附了红色的砂岩，接下来的一层是煤颗粒、砖粉及水泥碎片。经过对比，这三层物质分别与犯罪嫌疑人住所、犯罪现场及废弃城堡中的土壤样品一致。此外，根据 Schlicher 的口供，案发当日他去过自己家的农场；然而，他的鞋底却没有黏附属于农场的土壤，即包含斑岩、乳石英的土壤。Schlicher 鞋底的泥浆以及从废弃城堡里找到的裤子共同证明了一个问题：Schlicher 的口供是假的，他在案发当天去过犯罪现场。

虽然在 Georg Popp 后来的职业生涯中，他为法庭科学的发展做贡献的脚步未曾停止，但是，Margarethe Filbert 谋杀案已经足以彰显 Georg Popp 在法庭地质学领域的地位；同时，它也为后期土壤对比科学的发展提供了平台。在这一案件中，根据土壤黏附的先后次序，Georg Popp 找到了证明犯罪嫌疑人有罪的理论基础。

他证明了嫌疑人鞋底的泥浆与两处涉案场所的泥浆是一致的。科学检验结果可以直接推翻犯罪嫌疑人的诡辩。正如 Hans Gross 在书中预言的那样，有些情况下，鞋底泥浆很可能比"千辛万苦的调查"作用更大。

Conan Doyle 因创作《福尔摩斯探案集》而成为家喻户晓的作家。然而，在其一生当中，他也曾三次作为调查人员参与了案件的侦查工作。1906 年，Conan Doyle 首次成功地将虚构的福尔摩斯搬到现实案件中。一位英国律师被控虐待动物，尤其是马和牛。在服刑三年之后，警方找到了能够证明他无罪的证据；然而，这位律师也仅仅被释放出来，却并未真正洗脱自己的罪名。这一案件引起了 Conan Doyle 的关注。为了提供更为有力的证据，他进行了深入的调查，并且发现：黏附在被控律师案件发生当日所穿鞋子底部的物质是黑泥，而被害小马尸体周围的泥浆是黄色的砂质黏土。最终，这一发现结合其他证据帮助被控律师获得了完全赦免。

法国的 Edmond Locard 博士师从早期法医学领域泰斗 Alexandre Lacassagne。在阅读了法文版的《福尔摩斯全集》及 Gross 的部分专著之后，Locard 博士认识到这样一个问题：犯罪分子在作案过程中所接触的尘土通常会在其身上有所残留。他数次向法国法庭科学机构表达这样的思想，但却数次遭到拒绝。直到 1910 年的夏天，法国国家警察局将里昂法院的两间阁楼提供给 Locard 博士使用，并为他配备了两位助手，支持他在土壤检验方面的研究工作。出人意料的是，这间小小的实验室竟成为里昂警察局法庭科学实验室的前身。

里昂市内有一座雄伟的建筑，楼前矗立着两根巨型科林斯式柱廊，缓缓向下的两排石阶成为连接立法大楼与罗纳河岸的"桥梁"。立法大楼是里昂市的标志性建筑之一。隐藏在它侧面的一条小路就是通往 Locard 实验室的入口。从入口走进去，首先映入眼帘的是一个灰暗的大厅，大厅左右两侧各有一条通道，一条通往监狱，另一条通往布满灰尘的档案室。每天，Locard 顺着盘旋的

第二章 从福尔摩斯时代至今

楼梯来到四楼那间简陋的实验室，为了冬天取暖，实验室里还放有一个炭炉。就是在这种艰苦的条件下，Locard展开了出色的工作，并系统地建立了现代微量物证检验方法。

1912年，里昂的一位银行职员Emile Gourbin涉嫌扼死其女友Marie Latelle。虽然Gourbin已经被警方逮捕，但是他对于自己的无罪辩解似乎无懈可击。Locard来到关押Gourbin的牢房，并对他指甲缝里面的微量物证进行了收集。虽然这些指甲缝里的碎屑中很可能含有来自被害人Latelle颈部的组织，但是由于受当时技术水平的限制，上述猜测无法得到证实。幸运的是，Locard发现这些碎屑表面包覆着粉红色的粉状颗粒；而且，经过确认，这些粉红色粉状颗粒的化学成分是米淀粉。进一步检验结果表明，这些颗粒表面含有金属铋、硬脂酸镁、氧化锌以及威尼斯红（一种略带红色的氧化铁颜料）。一位里昂的药剂师负责对上述粉状颗粒以及被害人Latelle所使用的化妆粉进行检验，并得出二者成分相似的结论。如果放在大规模生产化妆品的今天，也许上面那一点点化妆粉不足以说明什么问题；但是，在1912年，这些化妆粉的独特性足以证明Gourbin的罪行。

这起案件再次证明了众所周知的洛卡德物质交换原理（Locard exchange principle），即任何两个物体相互接触的时候，都会发生物质成分的转移。尽管一段时间之后，由于当时的检测手段灵敏度不够高或者由于环境因素，这些发生转移的物质消失了，但是，物质成分的转移是客观存在的。这一原理可以帮助我们将某些与案件相关的人、物及地点相互联系起来。在这个原理的基础上，对指纹、纤维、土壤等

Edmond Locard，法国法庭地质学家，他协助确立的物质交换原理被称为法庭地质学的基本原理。

微量物证的收集和检验工作逐渐开展起来了。

柯玛是美国加州地区的一个小城市。1921 年 8 月 2 日夜晚，教区牧师 Patric Heslin 神父被人绑架了。这一消息震惊了整个城市。绑匪在发出一封勒索信后就消失了，人们推测神父已经遇害。不知是遇到了好运气还是天赋使然，犯罪学家 Edward Oscar Heinrich 竟然通过绑匪留下的勒索信推断出他是一位面点师。于是，当面点师 William Hightower 主动向警方报告称，他在加州的一处海滩上发现了神父的尸体时，警方认为 Hightower 也许会知晓更多的隐情，因为他是个"面点师"。

人们称 Edward Oscar Heinrich 为"伯克利奇才"。1921 年的他已经成为美国最具知名度的犯罪学者之一。这位工作勤奋的化学家，在许多微量物证的分支领域，如涂料检验、纤维检验、弹道学检验、毒物分析、毛发检验以及木材检验等，开展了出色的研究工作。由于他既能够利用物证协助调查人员开展侦查工作，又能够在后期的法庭指控过程中，将证据有效地展示出来，因而享有盛誉。Heinrich 于 1881 年出生在威斯康星州克利顿威力市。在位于伯克利市的加利福尼亚大学毕业后，Heinrich 留校任教并成为一名犯罪学教授。他以其独特的工作风格和超凡的自信力，为法庭科学领域作出了卓越的贡献。

警方邀请 Heinrich 对 Hightower 所报告的尸体发现处进行勘查。除了尸体之外，Heinrich 还找到了一些其他物证，包括帐篷底板。Heinrich 从 Hightower 的刀上找到一些沙子，并认定这些沙砾与尸体发现处沙滩上的沙子是一致的。此外，警方在 Hightower 的住所里找到了一个帐篷，黏附在帐篷里的沙子与之前检测的沙子样品也是一致的。根据上述检验结果，Heinrich 有理由认为犯罪嫌疑人 Hightower 就是绑架谋杀 Patric Heslin 神父的凶手，他把尸体隐藏在帐篷里，将其放置在海滩上数天后，又将尸体埋藏在海滩里。于是，Heinrich 将他的检测结果向警方做了汇报。在这份有力证据的支持下，法庭最终判处犯罪嫌疑人 Hightower 有罪，并处以其终身监禁的刑罚。目前，他被关押在

第二章 从福尔摩斯时代至今

圣昆汀监狱。

1925 年，Heinrich 曾经用地质学知识处理过这样一起离奇的案件。Sidney d'Asquith 夫人（也有人称其为 J. J. Loren 夫人）被人谋杀，她的尸体被肢解了。警方在加州埃塞里托市附近的一块沼泽地找到了她的部分尸块，包括耳朵。虽然进行了进一步搜查，但是警方仍然无法找到剩余的尸块。Heinrich 对被害人的耳朵进行了仔细的检验，并发现上面附着了一些沙砾。由于这些沙砾与沼泽地上的黑色泥浆差别很大，因而 Heinrich 推测，尸体最初被放置在其他地方，之后，尸体的耳朵及部分头部组织被人转移到这里。Heinrich 随后对这些沙砾的大小和组成进行了仔细的检测。他认为这些沙砾中含有盐类晶体，但是含量非常少；因此，它们不是海滩上的沙砾，而是源于淡水的入海口。于是，Heinrich 试图从地图上寻找距离这片沼泽地最近的淡水入海口，他的答案是——农场岛海湾（距离沼泽地和圣里安德鲁 12 公里）。尽管警方仍然质疑上述推测，但是他们还是对该海湾进行了搜查，并发现剩余的尸块被埋藏在一座吊桥下面。虽然这起案件最终没能被侦破，但是，它却用一种戏剧性的方式，将法庭地质学带入美国。

FBI 的犯罪实验室是美国历史上最早将土壤分析及矿物分析方法应用于案件侦查的实验室之一。早在 1935 年，他们就对土壤进行过检测；到了 1936 年年底，在 Matson 绑架案中，他们还试图根据矿物分析的结论，来确定这位年轻的被害人在遇害之前被关押的地方；1939 年年初，重矿物分离及矿物学分析已经成为 FBI 实验室解决土壤检材的标准方法。无论是法庭科学研究还是实际办案，FBI 实验室都是全世界领先的实验室之一。对于许多执法机构，FBI 实验室都可以免费提供证据检验及展示服务，尤其是那些其他实验室无法检验的证据（详情请见 www.fbi.gov/hq/lab/fsc/current/index.htm）。

1970 年至 1980 年期间，位于英国奥尔德玛斯顿村的英国内政部实验室，在法庭地质学领域开展了一系列卓越的研究工作，其主要研究成果是通过颜色、颗粒大小分析、阴极射线发光等途径对地质材料进行检验。此外，他们还对某些方法在可靠性方面的缺陷进行了细致研究，例如密度梯度法等。在科技飞速发展的今天，一些私营实验室以及高校里的科研工作者成为推动英国法庭地质学发展的主流力量。

Walter C. McCrone，1916—2002，麦克科隆研究所和麦克科隆集团的创始人。（图片由麦克科隆集团提供）

1956年，Walter McCrone在芝加哥地区成立了麦克科隆集团。McCrone在使用电子显微镜及光学显微镜方面的精湛技艺，以及他为普及这一技术而作出的不懈努力，都在法庭科学的发展史上留下浓重的一笔。McCrone对超显微分析法的应用进行了详尽的开发，并将其运用到炸药检验、未知颗粒分析等方面，尤其是食品及药品检验方面。1960年，McCrone成立了一家专门的学院，用于培训一些新开发的鉴定方法。此外，他还创办了季刊《显微镜》，并发起了每年一次的显微镜研讨会。McCrone作出的另一项贡献就是将材料分析方法运用于艺术品真伪的辨识。活跃在当今法庭地质学领域中的许多学术带头人，都曾经获益于这位卓越的科学家。

目前，全世界范围内的大型犯罪实验室，无论是公立的还是私营的，都提供土壤检验的服务。由于各个鉴定机构在人员素质、

第二章 从福尔摩斯时代至今

硬件配备、时限要求以及勘查水平和经验等方面存在差异,因而他们所提供的服务水平也有差异。虽然无法提供准确的数字,但是可以肯定地说,仅仅在北美洲,法庭地质学工作者每年都会遇到数千起案例,因为他们已经将地质证据——通常为土壤——列入常规勘查规程中。

第三章

利用地质材料做证据

在法庭正式采纳地质证据之前，它的合法收集程序需要得到确认，即在收集地质证据的时候是否具备搜查证，或者得到某种批准，或者是在逮捕过程中执行的。从证据采集到结案的过程中，一定要有关于证据保存的详细记载，即何人对证据进行的收集，在不同的时间段里，证据由何人负责保管。随后，技术人员将对证据进行检验，并根据检测结果作出结论。通常情况下，在上述结论与涉案问题相关时，法庭会采纳它们。法庭需要对证据检验人员的资历进行确认。法庭认可的专家证人可以在庭上对证据进行展示，即陈述自己的观点。这些观点也许是某颗子弹是由某把特定枪支发射的，也许是某份血液样品来自某个特定的人，也许是某些其他类似的结论。

法庭科学领域所研究的物证种类很多。Richard Saferstein 撰写的《法庭科学的概述》是一本经典的法庭科学教科书。该书对常见的物证种类进行了如下阐述：

1. 血液、精液以及唾液：所有涉案的血液、精液或唾液，无论是液态的还是干燥的，无论是来自动物还是来自人类，都会以某种形式将涉案人员与案件的相互联系展示出来。具体而言，这种类型的物证包括黏附在纺织品或其他物品表面的血液或精液，以及有可能黏附唾液的烟蒂。技术人员将对上述物证进行血清学及生化检验，以判定它们的来源。

2. 文书材料：是指可用于判定文件来源及真实性的所有文书材料，包括手写文件及打印文件。与文书材料相关的物品还有纸张、墨水、篡改及烧毁的文件等。

3. 毒品：是与违法销售、制造、传播及使用毒品等违法行为

第三章 利用地质材料做证据

相关的药品。

4. 爆炸物：是指承载爆炸物品的装置，以及从爆炸现场脱离出来的、有可能包含爆炸残留物的物品。

5. 纤维：是指能够将人或物相关联的、发生转移的纤维，包括天然纤维及人造纤维。

6. 指纹：是指潜在的或者可见的指印纹线。

7. 火器及弹药：是指涉案的火器以及发射或未发射的弹药。

8. 玻璃：是指转移到涉案人员或物体表面的玻璃颗粒及玻璃碎片；此外，该类物证还包括子弹或其他射弹发射后产生的、带洞的窗格玻璃。

9. 毛发：是指能够将某人与某一案件相关联的毛发，包括动物毛发和人类毛发。

10. 压痕：该类物证包括轮胎印、鞋印、松软土壤表面的印迹、手套等纺织品的印迹以及皮肤或食品表面留下的咬痕等。

11. 器官及生理体液：是指那些用于毒物检测（即检测是否含有某些药品或毒物）的人体器官和体液。该类物证还包括可能含有酒精或其他药物的血液。

12. 油漆：是指犯罪过程中，从一个物体表面转移到另一个物体表面的涂料，包括液态油漆和晾干后的油漆。例如，两车相撞过程中，从一辆汽车表面转移到另一辆汽车表面的油漆。

13. 石油产品：是指从犯罪嫌疑人身上提取的或从犯罪现场发现的石油产品。例如，从纵火现场找到的汽油残留物、油脂或者油斑点，它们的存在很可能与纵火案相关。

14. 塑料包装袋：随处可见的聚乙烯塑料袋，如垃圾袋，很可能成为破获一起谋杀案或毒品案件的重要证据。对某一塑料包装袋及犯罪嫌疑人手中类似的塑料包装袋进行对比检验，可以将二者联系起来。

15. 塑料、橡胶及其他聚合物：从犯罪现场找到的上述人造材料也许能够对持有相似物的某一犯罪嫌疑人进行指控。

16. 粉状残留物：是指可能含有火器发射残留物的物品。

17. 序列号：即将失窃物品表面被消退的识别数字（如发动机号）重新恢复。

18. 土壤及矿物：能够将某人或某物与某个特定地点相联系的物品、承载着土壤和矿物组分的物品。例如，陷在鞋子或衣物上某个安全角落的土壤。

19. 工具痕迹：该类物证包括所有在犯罪过程中，被当做工具使用的物品所形成的印迹。例如，使用螺丝起子、撬棍在墙表面形成的凹陷印迹或者刮擦痕迹。

20. 汽车车灯：通常情况下，在判断撞击时间发生的瞬间车灯是否开关时，需要对车辆的前灯和尾灯进行检验。

21. 木材及其他植物：是指从犯罪嫌疑人所穿着的衣物、鞋子以及所使用的工具上找到的木头、锯屑、刨花以及其他植物碎片等，有可能将某人或某一物品同犯罪现场联系起来的碎屑。

在众多的物证种类中，法庭地质学主要关注嵌入土壤或其他地质材料中的多种物质，例如土壤本身、矿物、玻璃以及其他种类的材料或物品，包括天然的及人造的。在法庭正式采纳之前，所有种类的物证，包括地质材料在内，都已经从很多角度为侦查提供了线索和服务。

例如，某天清晨，有人在新泽西警察射击场挖出一具尸体，尸体被装在一个普通的绿色垃圾袋中，没有经过任何防腐处理。警方曾经怀疑，在此案中，有人曾经要传信给另一个人。然而，能够将尸体同初次埋葬地点联系起来的只有随同尸体一同挖出的袋子上所黏附的一些泥浆。这些泥浆随后被送到相关部门进行检验。深入的检验结果帮助警方确定了一个同类土壤分布的地图。经过调查，尸体表面所黏附的土壤来自纽华克湾附近的一处垃圾填埋场。该垃圾填埋场是近几年开设的。根据这些证据提供的方向以及线人提供的信息和线索，警方找到了最初埋藏被害人尸体的地方，即垃圾填埋场上一处民宅的前门廊处。将被害人尸体表面黏附的土壤与从嫌疑场所提取的土壤进行对比分析，能够将尸体与最初埋藏的地点锁定在一起。经调查，被害人死于一场家庭

第三章 利用地质材料做证据

纠纷，妻子和女儿共同将父亲杀死，并将其埋藏在住宅的前门廊处。一段时间后，尸体腐败的气味愈加明显。于是，一天夜晚，母女二人将尸体挖出；然后，将其埋在该地区唯一的一片树林里，即新泽西警察射击场。这起案件不仅能够体现土壤证据在缩小侦查范围、提供侦查线索等方面的作用，而且能够证明，一旦获得可用于对比分析的、源自犯罪现场的土壤样品，那么它就可以作为证据使用，对案件的真实情况进行证明。

在另一起案件中，警方在安大略省南部逮捕了一名男子，因为他涉嫌殴打女友并导致被害人死亡。案发地点位于一处建筑工地，旁边有一扇新浇注的水泥墙。许多沙子被运送到此处作为施工材料使用。因此，在运送和施工过程中，这些沙子同其他一些物质混合在一起，并形成组成独特的混合物。从犯罪嫌疑人手套上，警方找到了与案发现场沙子成分相似的沙子；然而，犯罪嫌疑人声称手套上的沙子来自他的花园。检验结果表明，在物质组成以及颗粒大小等方面，犯罪嫌疑人手套上的沙子与其住所周围的沙子有显著的差异。这样，他的谎言就不攻自破了。

为了保护当地生态环境和罕见的大型仙人掌，美国亚利桑那州对盗窃并出卖植物园中仙人掌的窃贼均要判刑。加利福尼亚州南部一户富裕人家曾经使用大型仙人掌装饰庭院，有人怀疑这些仙人掌是从亚利桑那州联邦土地上盗窃过来的。唯一能够证明这些仙人掌与亚利桑那州相关的证据就是黏附在仙人掌根部的一些土壤颗粒。犯罪分子同私人土地所有者相互勾结，从而获得可以买卖数百棵大型仙人掌的许可。随后，他们将生长在联邦政府土地上的仙人掌挖出，一旦运送到高速公路上，这些犯罪分子便成功地获得这些仙人掌并可以随意进行买卖。虽然这些仙人掌并非来自私人土地，而是非法获得的，但是，它们正在通过合法的途径向洛杉矶转移，并进入自由交易市场。那么，如何才能证明它们是从联邦政府领土上盗窃过来的？在不了解仙人掌被盗的准确位置的情况下，黏附在植物根部的土壤颗粒就没有特定的比较对象。但是，要想证明这些土壤并非来自销售单上标注的私人土地还是有可能的。有了这份证据的支持，调查人员就可以迫使参与案件的犯罪分子交待出被盗仙人掌的真实出处，并获得可用于对比的土壤样品。

近期陆续发生了几宗类似的案件，犯罪嫌疑人涉嫌盗窃联邦政府土地上的考古材料及化石。在其中一宗案件里，来自某考古遗址处的陶瓷碎片与从犯罪嫌疑人那里找到的陶瓷碎片外观吻合。在另外几宗案件里，从弹孔周围及衣物上提取的土壤材料与从犯罪嫌疑人那里找到的陶器以及文物挖掘处周围的土壤材料的组成是一致的。在一起涉嫌从曼蒂拉莎国家森林盗窃文物的案件里，Jack Donahue博士及他的同事从文物表面的缝隙中找到了土壤颗粒，尽管犯罪分子已经对文物进行了清洗，但是面对通过土壤分析得出的证据，犯罪分子最终供认了自己的罪行。在这类案件中，往往需要对下面这一事实加以认证，即这些物品是来自联邦政府土地，而并非犯罪嫌疑人所狡辩的那样，是通过合法途径从私人土地那里获得的。

对于来自犯罪嫌疑人的鞋子以及来自犯罪现场的两份土壤样品，检验人员往往需要确认它们在很大概率上具有共同的来源。这样的结论往往需要在法庭上展示；否则，犯罪嫌疑人就会谎称他鞋子上的土壤是来自某一其他位置。如果两份土壤样品的对比结果不一致，那么对于犯罪嫌疑人有罪的假设就很可能是错误的；如果对比结果一致，那么对犯罪嫌疑人的控诉就会得到加强。法庭地质学家需要从中立的角度出发（与控辩双方均无关），通过分析过程得到结论，并在法庭上展示他们的观点。目前，许多与法庭科学相关的电视节目以及书籍，都将法庭科学技术人员同现场勘查人员及调查人员相混淆，并导致公众错误地认为法庭科学技术人员是上述三种人员的总称。实际上，真正的法庭科学工作者与案件控辩双方均没有任何关系，他们只是客观地研究证据并展示研究结论。

有这样一宗案件可以对上述观点进行佐证。多年前，有人在华盛顿公园抢劫了一位老妇人，并将其杀害。人们在公园的长椅

第三章 利用地质材料做证据

下发现了被害人的尸体。不久，一位证人说他曾经发现有人在被害人遇害当天夜晚离开公园。根据这条线索，警方找到了一位犯罪嫌疑人，并发现他的衣服及裤腿翻边的位置上黏附了很多土。这些迹象表明犯罪嫌疑人曾经与人打斗过。然而，他却声称自己已经多年没有去过华盛顿公园，身上的尘土是由于在城市的另一个地方打架弄的。于是，警方分别收集了公园长椅周围的土壤以及犯罪嫌疑人声称自己打架处的土壤，并进行对比分析。分析结果显示，前者与从犯罪嫌疑人身上收集的土壤相似度较高，而后者与其差异较大，这就意味着犯罪嫌疑人近期曾经去过案发现场，他之前的供述是虚假的。

在另一起案件中，通过对肇事逃逸车辆遗留在现场的土壤颗粒进行检验，警方分析出肇事车辆曾经经过的环境，并顺藤摸瓜，最终找到了肇事司机的住所。这起重大的肇事逃逸事件发生在中西部偏北的地区。当肇事车辆与被害人相撞时，一些土壤颗粒从肇事车辆的翼子板上脱落下来。这些土壤颗粒中包含一些颇具特征性的密苏里铅锌矿成分；然而，该矿区位于案发现场南部几百公里之外。最终，这一线索帮助警方找到了一位犯罪嫌疑人，从他车辆翼子板底下提取的土壤样品与从犯罪现场找到的土壤样品是一致的。后期调查结果表明，密苏里州矿区的公路是用矿物材料修筑的，这使路面上的土壤颇具特征性，而肇事司机恰好途径该区域。

在接下来的一起"调包"案件中，警方通过"调包"所用的岩石，找到了"调包"环节发生的地点。一位加拿大酒铺老板购买了几箱苏格兰威士忌酒，价值不菲。然而，当货物抵达时，他却发现箱子里装的不是威士忌，而是等重的石灰岩块。石灰岩检测结果表明，它们并非来自威士忌酒运送的途中，而是来自货品出发地——英国。进一步的检测结果表明，这些石灰岩来自英格兰中部的一家采石场。最后，警方找到一名犯罪嫌疑人，他在那家酒品销售公司工作，而且可以进出采石场；此外，有人看到该犯罪嫌疑人经常往家中搬运石头。

众人口中所说的证据,通常包括两个层次的含义。一方面,我们说某些证据可用于同一认定,即两份样品的对比结果具有高度一致性,因此几乎可以肯定地说,二者具有同一来源。尽管我们无法通过传统的统计学计算出这种一致的概率究竟有多高,但是,我们可以根据经验推断出二者并非出自同一来源的可能性几乎为零。指纹纹线、子弹及弹壳表面随机形成的痕迹、行走过程中在地表形成的不规则足迹、交通工具运动过程中留下的轮胎痕迹以及破碎物品各部分之间的吻合等,现实中的许多现象和问题都能够说明,虽然不能给出具体的数值,但是我们依然可以得出肯定性的结论。也许,只有 DNA 才可以给出同一认定可靠性的具体数值。

在许多包含土壤材料在内的案件中,土壤材料都极有可能单独作为证据使用。例如,加拿大曾经发生这样一起强奸案,犯罪嫌疑人裤子膝盖部位附着了土块,而且两个膝盖部位找到的土壤成分是不同的。对犯罪现场进行勘查时,警方在地面上找到了两个膝盖压痕,经过确认,这两个膝盖压痕分别为左右膝盖所留,而且从两处膝盖压痕的位置所提取的土壤样品,其组成也是存在差异的。令人惊诧的是,犯罪现场左右膝盖压痕处的土壤分别与犯罪嫌疑人左右膝盖部位的土壤一致。左右膝盖部位土壤成分的显著差异,大大提升了鉴定结论的可信性。之前提到的几个案例也存在类似现象,例如,南达科他州 Becky O'Connell 谋杀案以及蒙大拿州 Susan Galloway 谋杀案等。

多数物证都可以被称为种属型证据,都具备某些种类特征。这就意味着地球上其他某个角落可能存在着种属特征相同的其他物体。对于地质材料而言,我们可以针对两份样品具有同一来源的可能性进行判断,尽管有些情况下,这种判断无法推导出确定性的结论。如果我们从一块大岩石上面取下一小块,将其分成两份,分别对其进行检验。多数情况下,经过仔细的研究,我们能够发现在微弱差异的背后,这两份样品之间的共同点是显著的。于是我们可以作出如下判断,二者对比结果一致;其中一块岩石

第三章 利用地质材料做证据

来自另一块岩石的概率非常高,即它们具有共同的来源。如果两份岩石的外形吻合,接缝处的矿物组成也吻合,那么它们具有共同来源的可能性几乎为100%。这种情况下,我们可以认为已经找到显著的特征点,而且可以毫无疑问地得出肯定的对比结果。然而,并非所有情况都是如此肯定的;有些情况下,我们仍然无法避免对一些结论的概率以及价值进行判断,因为很多结论都是建立在科研工作者的能力以及数据的有效性基础之上的。

总而言之,对于可能性以及偶然性的认识是至关重要的。多数类型的物证,其有效性都依赖于那些可以被观测到的显著变化的数量。事先需要明确的问题是,地球上究竟存在多少材料,每个种类的分布范围有多广。由于地质材料的变化范围很广,因而它具有很高的潜质,可以作为物证对案件事实进行证明。如果地质材料能够得到恰当的收集、检验和展示,它们将具备远远高于其他种类物证的证据价值。

在现代司法体系当中,包括地质材料在内的物证发挥着至关重要的作用。许多证据学领域的学者都对相关问题进行过探讨。对于目击证人提供的言辞证据进行质疑的情况也屡屡发生。与客观性较强的物证相比,目击证人的证言具有天然的主观性。有些人可能故意说谎,有些人可能因为记忆力不佳而导致陈述出现偏差,有些人可能对亲眼所见的事物作出错误的诠释,而且不同的目击证人对事物的感知能力也是不同的。下面一段文字摘自Burton R. Laub对陪审团作出的陈述,他对物证的独特价值及其背后的使用规则进行了精彩的诠释。这起案件涉及土壤证据。FBI的工作人员Richard Flach在土壤研究领域经验丰富,他对法庭地质学的发展作出了重要的贡献。该案件中涉及的土壤证据就是由他负责检验和展示的。在这份陈述中,Burton R. Laub对物证的优势和价值进行了阐述:

> 我赞成这样一种观点:对于那些借助科学设备和手段(如光谱仪、显微镜等)所展示的,与看似神秘的事物(如试管、熔点、沸点以及其他令人迷惑的名词)结合在一起的科

学证据，普通的外行人是无法认识和理解的。坦白地说，在接触本案之前，我本人也是一位普通的外行人，对科学证据毫无概念。有鉴于此，请允许我将内容复杂、语言晦涩的证言进行简化，我希望能用最简单的形式将科学证据展示出来，并让在座的每一位都能够理解。首先，让我们共同来看这样一个例子——关于油漆的证言。Driscoll先生告诉我们，他从被害人的床单上以及被告人的衣物上分别找到了五种油漆。他发现这些不同种类的油漆以同样的方式结合在一起，并分别存在于被害人的床单及被告人的衣物上；因此，他有理由认为，这些油漆不是从被告人的衣物上转移到被害人的床上，就是从被害人的床上转移到被告人的衣物上；此外，还有一种可能，即这些油漆分别来自被害人的床上和被告人的衣物上，在接触的过程中它们混合在一起了。

  也许，大家还是不能充分理解，除非他能给出推导上述结论的具体理由。在交叉检验的过程中，Driscoll从两份混合样品中，都找到了化学成分非常一致的黑色油漆，这种情况相当罕见，因为即便是同一桶里盛装的油漆，其化学成分很有可能存在差别。尽管如此，Driscoll还是认为，就个体而言，被检验的几种油漆均为常见种类，并无任何特殊性。然而，当这几种常见的油漆同时出现在一起，并以某种特定的方式混合，那么它就具备了足够的特征性。下面，让我们一起来看看Driscoll的说法究竟意味着什么。Driscoll通过检测发现，这些混合的油漆中含有五种成分，它们分别为表面质地较硬的红色油漆、蜡质红色油漆、附着一层白色物质的绿色油漆、蓝色油漆以及黑色油漆。为了进一步理解，我们可以用另一样众所周知的事物替代油漆，进行阐述。比如我说："我今天看到了一个戴红帽子的女人"，然后你回答说："我也看到一个女人，戴着红色的帽子"。由于红色的帽子非常普遍，我们可以在任何一家女帽店里买到它，因而不管是你还是我，都无法因为"红色的帽子"这一共性而得出"看到的

第三章 利用地质材料做证据

是同一个女人"这一结论。但是，如果我说："我看到的那个女人，帽子上还有一束蜡状红樱桃"，然后你说："我看到的女人也是"。几年之前，女帽上出现这种红樱桃装饰物是非常普遍的，因此，我们无法单凭这一束小小的"蜡状红樱桃"就得出冒险性的结论——看到的是同一个女人。然而，截至目前，我们已经找到了两个共性，而且我们非常想知道看到的究竟是不是同一个女人。接下来，我可能进一步描述说我所看到的女人围着带有白色内衬的绿色披肩。尽管穿着这种装束的人并不多，但它仍不失为一种常见装束。然而，如果你回答说你看到的女人也围着带有白色内衬的绿色披肩，那么，我们可能会非常肯定地说我们看到的是同一个女人。我们很可能都是善于观察的人，随时愿意寻找更多的证据来支持上述结论。如果我们发现我们看到的女人都拿着闪亮的黑色皮夹，那么作出结论的语气就会更加坚定。那么稍等，请不要急于得出结论，因为我们的对比并未结束。假如我们看到的女人都穿着蓝色的裙子，那么大家的内心一定更加渴望了解真实的结果。为了进一步锁定上述结论，我们可以更深入地展开故事情节。例如，我看到的女人不小心将皮夹掉在马路上，一枚小芯片从皮夹中滑落出来，由于它又黑又亮，因此落入我的视线里，我将它捡起来。而你看到的女人很可能在周围的百货店里，不小心将皮夹撞到柜台上，皮夹里的东西散落出来，你也在地板上拾到了一枚又黑又亮的小芯片。如果你和我都将拾到的皮夹碎片拿去做化学成分分析，并且得出化学成分一致的结论，那么，我们可能都愿意向上帝发誓说，我们看到的是同一个女人。此外，如果我们是在城市的同一区域、大致相同的时间里都看到了这样的女人，那么我们就可以肯定地说看到的是同一个女人。

下面，如果将刚才所谈的"服装颜色"换成"涂料"，那么，我们就可以在法庭上清晰地展示这些证据。"红色的帽子"就相当于"最外层质地较硬的红色油漆"，"樱桃装饰就相当于 Driscoll 所说的"蜡质红色油漆","带白色内衬的绿色披肩"就相当于"附着一层白色物质的绿色油漆","黑色皮夹"相当于"有光泽的黑色油漆","蓝色外衣"则相当于那层"蓝色油漆"。这就是 Driscoll 可以毫不犹豫地判定两个碎片具有共同来源的依据所在。

这种分析判断方式同样适用于 Duggins 先生及 Flach 先生所作出的专家证言。您应该会记得他们是如何根据黄铜、矿渣、混杂的毛发及纤维、烟草颗粒、木屑、沙砾及盐粒之间的相似混杂进行推断的。您也不会忘记他们是如何寻找纤维的颜色以及织物的结构的。您一定记得 24 种不同颜色的纤维中,有 14 种共同出现在被告的衣物上及被害人的床单上。

按照上述根据黑色皮夹及红色樱桃装饰物推断同一女人的方式,我们可以非常容易地根据衣物上这些附着物的结合方式来进行判断。然而,没人能够确切地说出,这些证据究竟在什么时候可以从疑惑阶段晋升为用于判定"被告就是袭击 Hilda Miller 的凶手"的确凿证据。

根据教育培训、个人经验、职业要求以及个人能力,科学家们可以选择恰当的测量方法及观测手段对物证进行判断。根据科学的天然属性,他人应该能够重复这些测量方法及观测手段。研制标准、简单、实用的对比方法是所有犯罪实验室永恒的目标。法庭地质学所要解决的任务就是将科学方法应用到土壤等相关样品上,以保证科学工作者能够在准确度最高的前提下作出职业判断。用于检验的方法既不能是难度过大、未曾使用过的方法,也不能是仅仅停留在理论阶段、不适于实际应用的方法。

法庭地质学检验的特殊性在于它的任务是识别土壤、岩石、矿物、化石等天然结合的复杂混合物。从这个意义而言,它同玻璃、油漆以及纤维等人造材料相比具有很大的差异。某些科学方法是依赖于对整个样品的某项单一测量,例如,对于整个样品的化学分析,对整个样品中颗粒密度分布的检验,对整个样品颗粒粒径分布情况的测量以及对整个样品的颜色检测。虽然有些情况

第三章 利用地质材料做证据

下,上述科学方法对于对比分析判断具有一定的帮助,但是多数情况下,单凭这些检测结果进行专业判断是远远不够的。

化学分析就是最好的例证。如果将其恰当地应用于质量可控的人造材料进行对比分析,这种分析方法能够得出非常精彩的结论。但是,如果将其应用于土壤材料的检验,那么从同一来源的两份样品中检测到不同的矿物组成是一种很普遍的现象。如果样品的元素分布不均匀,那么两份样品可能会产生差异更大的元素浓度检测结果。再例如,如果仅仅针对矿物中的常规元素进行检测,那么从不同的地方采集的不同土壤样品又可能得出差异较小的分析结果。与之相反,那些罕见的矿物及颗粒才更适于进行对比分析。

在一起无烟火药工厂爆炸案中,一种罕见的岩石为侦查提供了重要的线索。生产过程中,火药通过一个带小孔的设备进行挤压,该过程与意式细面条的制备过程非常相似。最终,挤压产生的条状物被切分成预期的长度。爆炸就是在挤压过程中产生的。案发后,一位经验丰富的调查人员在挤压器屏幕上发现了几个小颗粒。这些岩石颗粒一定是在挤压的时候被混合在火药粉末中。因为摩氏硬度大于2.5、熔点高于500℃(932℉)的异物会在挤压过程中摩擦生热,产生的热量足以引爆炸药,而且现场勘查找到的这些岩石颗粒完全符合上述标准,所以这些异物就是导致爆炸发生的原因。接下来,调查人员需要解决的问题是确定这些混杂在火药中的异物的来源——究竟是有人故意将其掺杂在火药里,还是由于某些偶然因素导致的掺杂?这些岩石颗粒究竟来自哪里?

在工厂周围的道路、停车场及草地上有许多不同种类的岩石,其中既有本地的岩石,也有从其他地方运送过来的岩石。经过分析检验,从爆炸现场提取的岩石里含有砂金石,也有人称其为日长石,它是一种罕见而且特征性强的矿物,易于识别。通过对工厂设备进行仔细勘验,警方找到了一处含有相似矿物的地点:一个入口处的砂石通道。这一线索为侦查工作立下汗马功劳,尤其在审问犯罪嫌疑人关于爆炸发生之前他们在工厂周围的活动情况时,这条线索的作用尤为突出。最终,警方找到了事实真相:一名工人曾不小心将一包火药撒在这条砂石通道上,之后他又将这些火药收集起来,装回原来的包装袋之中,于是这些危险性高的岩石颗粒就被掺杂到火药之中。该工人本来准备销毁这包遭到污染的火药;然而,有人在阴差阳错之间不小心将其拿回生产线——并导致灾难性的结果发生。

通常情况下,法庭地质学家的工作方式与其他犯罪专家的工作方式是一样的。首先,他们会从大量寻常事物中寻找那些非同寻常的部分,因为学者们知道这些含有罕见元素或者特征性结合的物品很可能具有共同来源。在该过程中,法庭地质学家根据土壤、矿物以及沙砾的粒径,选择适当的方法和手段。如果未能找到足够多的样品或者无法对有证据价值的性质进行观测,那么就很可能在仔细研究之后仍然无法找到足够的相似点或差异点。不充足的样品量或者不恰当的样品采集方法往往会浪费勘验人员的时间与精力,并降低检验的价值。

法庭地质学家每年需要处理数百起案件,涉案样品高达数千个。在许多情况下,对比检验结果都是阴性的,即通过判断得出无关联的结论。导致上述阴性结果出现的原因有很多,包括:

● 物体接触时未发生物质转移;
● 虽然土壤成分发生转移,但之后的摩擦或冲洗过程导致其从检材表面脱落;
● 两种或两种以上的土壤发生转移,并导致样品混合;
● 该地区不同位置土壤成分之间的差异较大,而样品的采集并不充足;
● 犯罪嫌疑人没有在犯罪现场出现过。

在作出上述研究之后,如果法庭地质学家们根据分析结果得出某两个样品是一致或不一致的结论,那么他或她必须准备充分的科学依据,以就此问题在法庭上进行解释和说明。

科学方法可以被法庭采纳的法律依据很复杂。几项法院判决

第三章　利用地质材料做证据

为科学证据的采纳提供了理论依据。在 Frye 一案（Frye v. United States, 293 Fed. 1013, 1014, D. C. Cir. 1923）中，法庭宣布：

> 划分科学规则或发明何时为试验阶段，何时为论证阶段是十分困难的。在交接阶段的某些时候，必须认同该规则的证据力量。然而，法院要经过很长一段时间才能从完全认同的科学规则或发明中接纳专家证据，因为该种经过演绎推理的证据，必须经过充分的论证才能在它所属的特别领域中获得普遍认可。

该案涉及测谎证据是否可以被法庭所采纳的问题。由于科技变得日益复杂并专业化，因而被法庭采纳的某项科学技术被所有科学工作者"普遍接受"几乎是不可能的。隔行如隔山，某一领域的专家也会对于其他研究领域所使用的科学方法感到陌生。Williams 案（People v. Williams, 164 Cal. App. 2d Supp. 848, 331 P. 2d 251, 1958）的审判结果在一定程度上解决了上述问题。该案涉及是否可以采用烯丙吗啡测试法作为判断某人是否服用麻醉剂的依据。法庭最终决定只要该领域的专家认为这项测试以及测试所得结果是科学可靠的，那么法庭就可以采纳这种科学方法。实践当中还存在另一问题，即某些检测方法是为了解决专门问题而设计的，但是在正式采纳之前，其他专家不可能在实践当中尝试并普遍接受，那么这些检测方法如何被法庭采纳？Coppolino 案（Coppolino v. State, 223 So. 2d 68, Fla. App. 1968, app. Dismissed 234 So. 2d 120 Fla. 1969, cert. denied 399 U. S. 927）中曾经涉及这样一个问题，即是否可以采纳由毒物专家设计的崭新的方法去探测导致被害人死亡的化学物质。法庭认为，如果专家能够将分析原理阐述清楚，那么这种用于解决既定问题的新方法就可以被采纳。法庭地质学领域有这样几种不同的地质证据的形式：对岩石、矿物及化石进行识别；通过地图展示不同种类的岩石、土壤以及地形的分布情况；使用地质分析仪器解决法律问题。前面所述的关于证据采纳的决定和规则对于这些地质证据也是同样适用的。

《美国联邦证据规则》第702条对科学证据采纳的不同形式做了全面的规定。具体内容如下：

> 如果科学、技术或其他专业知识将辅助事实裁判者理解证据或裁断有争议的事实，因其知识、技能、经验、培训或教育而具备专家资格的证人，可以意见或其他形式对此作证。

这条规定直接为Frye规则中"普遍接受性"原则披上"无效"的外衣。虽然有些人对于联邦证据规则第702条替代Frye规则这一做法仍存疑义，但是法庭地质学家必须作出充分的准备，对每一份专家证言中所涉及的科学方法及检测结果的科学有效性进行解释和说明。

1993年的"多伯特诉麦若·大沃医药品公司"案（Daubert v. Merrell Dow Pharmaceutical. Inc. 113S. Ct. 2786）颇具里程碑意义。美国最高法院认为，根据联邦证据规则采纳科学证据时，Frye规则中"普遍接受性"标准并非绝对必要。该案的庭审法官认为，专家证人使用一种新开发的统计方法提供证据，虽然这种方法未得以在实践中发展成具有"普遍接受性"的方法，但是法庭仍然认为应该采纳这项科学证据。法庭认为庭审法官有权裁定某项科学证据能否在其审理的法庭上被采纳。之后，上述决定被应用到所有联邦法院的案件审理中；截至今日，许多州法院也在使用上述规则进行裁决。美国最高法院关于科学证据采纳原则方面的规定如下：

● 这项理论或技术能否被验证；
● 这项技术或方法是否接受过同行的评论并发表过；
● 这项技术或方法的错误率是否确定；
● 是否存在并执行控制技术操作的标准；
● 在相关领域是否得到了普遍接受。

这项规则对科学证据的可采纳性具有重要的影响。现在，许多法官都将上述规则作为判定法庭采纳证据的依据。在那些接受

第三章 利用地质材料做证据

主观判断力的案件中，这项规则既起到了积极的推动作用，又存在一些值得商榷之处。新泽西州的一家法院曾经拒绝使用那些按照传统的统计学方法无法得出具体概率数值的证据。之后，新泽西州最高法院推翻了上述原则。宾夕法尼亚州一名区域法官曾经拒绝在审判中采纳指纹证据；但之后，他自己就否定了上述做法。Daubert规则对于司法实践的影响还有待考察，感兴趣的朋友们可以登录 www.daubertontheweb.com 查询相关内容。

第四章

地质材料的起源与分布

物质的证据价值在很大程度上取决于这一物质种类的多少及其在地球上的分布情况。本章我们将研究地质材料的起源、形成过程、物质组成以及物质的混合。研究结果表明,地球物质的种类是无限多样的,并且分布广泛,在很短的距离内变化很大。由于上述原因,某一样品的属性与地球上其他地区的样品相似的概率是非常小的。土壤种类的多样性,使区分的难度很大。因此,土壤作为证据的价值在许多案例里是非常突出的。如果在土壤里找到稀有、罕见的矿物、岩石、化石或人造颗粒,则会大大增加土壤作为证据的价值。

岩石与矿物

地球上已经识别出的单体矿物已达两千多种,入门矿物学书籍里详述了大约二百多种矿物。其中,大约二十多种在土壤里比较常见,但大多数土壤样品中仅包含 3~5 种矿物。

什么是矿物呢?矿物学家通常将其定义为一种天然形成的物质,具有一种由原子或离子规则的排列方式所决定的特有的内在结构,并具有固定的或只在一定范围内变化的化学成分及物理属性。这一定义很难适用于我们所看到的土壤里的一些颗粒,例如煤和火山玻璃是天然形成的,然而,煤没有固定的化学成分,而火山玻璃没有有序的内部结构。许多人造颗粒不是自然形成的,但却有其他与矿物相似的特性,如金刚砂研料。

地质学家通常能用肉眼识别出 20~50 种最常见的矿物,以及一些不太常见但具有特殊属性的矿物。他们所用的方法在很大程

第四章 地质材料的起源与分布

度上与林业管理员识别树木或动物管理员识别动物所用的方法相似：通过研究一种特性或一系列特性与过去所见到的相似物体进行比较。通常情况下，人们使用透镜或低倍双目镜观察矿物的特性，包括颜色、光泽、矿物的断裂方式（称为解理或断面）以及条痕——矿物粉末的颜色。一些矿物有磁性，可用磁铁吸起的方法来验证。

不同矿物的密度有所不同，这是辨别矿物的另一有用属性。地质学家通常将重矿物与轻矿物的区分界限定为 2.89 g/cm^3。此外，晶面的形成是由于原子、离子有序排列的内部结构产生的。许多不同矿物的结晶体有相同的晶面排列方式。然而，结合其他属性，晶体形态有助于识别一些矿物的种类。

在大多数法庭科学工作中，矿物单体颗粒的体积较小，而最重要的信息常常从那些稀有、罕见的矿物中获得。当地质学家无法用低倍双目显微镜确认矿物时，他们就用偏振光显微镜或偏光显微镜。这种显微镜与普通生物显微镜不同，它拥有能只让一个振动方向的光通过的滤光片、一个旋转载物台以及一些附件，用来观察通过矿物的光线的特殊效果。

研究岩石或类似物质的一个常用技术是制备一个薄片放在偏光显微镜上研究。地质学家制备薄片的过程是将岩样粘在载玻片上，然后将岩石磨到透明为止。这样，地质学家就可以观察并鉴别矿物的种类以及矿物的结构。

如果被鉴别的矿物大小为粉砂和砂级，那么矿物通常大部分是石英、长石及一些少量的其他组分。直径小于 2μm 的矿物通常是不同种类的黏土矿物。一般土壤里发现的矿物种类在一定程度上取决于颗粒的大小。一些简单地分解成小颗粒的矿物比较好鉴别。检验矿物，尤其是细小的矿物，一般使用 X 射线衍射技术鉴定，也会用其他一些电子、化学方法。鉴别矿物比较重要的手段还有透射电子显微镜以及扫描电子显微镜，科学家们用这些工具将微粒扩大 10 万倍来检查微粒，甚至还能鉴定出粘在大矿物上的小颗粒。

普通轻矿物

矿物	近似化学成分	晶系	相对密度	摩氏硬度	普通用途
绿柱石	Be$_3$Al$_2$(Si$_6$O$_{18}$)	六方晶系	2.75-2.8	7.5-8	硼的原料，宝石
方解石	CaCO$_3$	三方晶系	2.71	3	水泥，生石灰
白云石	CaMg(CO$_3$)$_2$	三方晶系	2.85	3.5-4	土质调整
长石（斜长石）					
钠长石（Ab）	Na(AlSi$_3$O$_8$)-Ab$_{90}$-An$_{10}$	三斜晶系	2.62	6	陶瓷，清洁粉
更长石	Ab$_{90}$-An$_{10}$-Ab$_{70}$-An$_{30}$	三斜晶系	2.65	6	
中长石	Ab$_{70}$-An$_{30}$-Ab$_{50}$-An$_{50}$	三斜晶系	2.69	6	
拉长石	Ab$_{50}$-An$_{50}$-Ab$_{30}$-An$_{70}$	三斜晶系	2.71	6	
培长石	Ab$_{30}$-An$_{70}$-Ab$_{10}$-An$_{90}$	三斜晶系	2.74	6	
钙长石（An）	Ab$_{10}$-An$_{90}$-CaAl$_2$Si$_2$O$_8$	三斜晶系	2.76	6	
长石（钾长石）					
正长石	K(AlSi$_3$O$_8$)	单斜晶系	2.57	6	瓷器，清洁粉
微斜长石	K(AlSi$_3$O$_8$)	三斜晶系	2.54-2.57	6	
海绿石	K$_2$(Mg,Fe)$_2$Al$_6$(Si$_4$O$_{10}$)$_3$(OH)$_{12}$	单斜晶系	2.3	2	硬水软化器
石膏	CaSO$_4$·2H$_2$O	单斜晶系	2.32	2	塑模石膏
石盐	NaCl	等轴晶系	2.16	2.5	岩盐，去冰盐，食盐
石英	SiO$_2$	三方晶系	2.65	7	玻璃，放射性晶体
云母	Mg$_3$(Si$_4$O$_{10}$)(OH)	单斜晶系	2.7-2.8	1	光学仪器，皂石，滑石粉，填充剂
阳起石	Ca$_2$(Mg,Fe)$_5$(Si$_8$O$_{22}$)(OH)$_2$	单斜晶系	3.0-3.2	5-6	
黄锡石	TiO$_2$	四方晶系	3.9	5.5-6	温度计材料

第四章 地质材料的起源与分布

续前表

普通轻矿物

矿物	近似化学成分	晶系	相对密度	摩氏硬度	普通用途
红柱石	Al_2SiO_5	斜方晶系	3.16–3.20	7.5	耐火材料
硬石膏	$CaSO_4$	斜方晶系	2.89–2.98	3–3.5	土质调整
磷灰石	$Ca_5(F, Cl, OH)(PO_4)_3$	六方晶系	3.15–3.20	5	宝石，化学肥料
文石	$CaCO_3$	斜方晶系	2.95	3.5–4	
普通辉石	$(Ca, Na)(Mg, Fe, Al)(Si, Al)_2O_6$	单斜晶系	3.2–3.4	1.67–1.73	
黑云母	$K(Mg, Fe)_3(AlSi_3O_{10})(OH)$	单斜晶系	2.8–3.2	2.5–3	
刚玉	Al_2O_3	三方晶系	4.02	9	宝石，磨料
透辉石	$CaMg(Si_2O_6)$	单斜晶系	3.2–3.3	5–6	
顽辉石	$Mg_2(Si_2O_6)$	斜方晶系	3.2–3.5	5.5	
绿帘石	$Ca_2(Al, Fe)Al_2O(SiO_4)-(Si_2O_7)(OH)$	单斜晶系	3.35–3.45	6–7	钢铁熔剂，玻璃
萤石	CaF_2	等轴晶系	3.18	4	
石榴石	硅酸盐混合物	等轴晶系	3.5–4.3	6.5–7.5	宝石，磨料
赤铁矿	Fe_2O_3	三方晶系	5.26	5.5–6.5	颜料，磨光
角闪石	$Ca_2Na(Mg, Fe^2)_4(Al, Fe^3, Ti)-Si_8O_{22}(O, OH)_2$	单斜晶系	3.2	5–6	
紫苏辉石	$(Mg, Fe)_2(Si_2O_6)$	斜方晶系	3.4–3.5	5–6	
钛铁矿	$FeTiO_3$	三方晶系	4.7	5.5–6	涂料和颜料中钛的原料
蓝晶石	Al_2SiO_5	三斜晶系	3.56–3.66	5–7	耐火材料

续前表

普通轻矿物

矿物	近似化学成分	晶系	相对密度	摩氏硬度	普通用途
磁铁矿	Fe_3O_4	等轴晶系	5.18	6	铸铁矿石
孔雀石	$Cu_2CO_3(OH)_2$	单斜晶系	3.9 - 4.03	3.5 - 4	
白铁矿	FeS_2	斜方晶系	4.89	6 - 6.5	绝缘材料以及填充剂
白云母	$KAl_2(AlSi_3O_{10})(OH)_2$	单斜晶系	2.75 - 3.1	2 - 2.5	宝石
橄榄石	$(Mg, Fe)_2SiO_4$	斜方晶系	3.27 - 4.37	6.5 - 7	愚人金黄铁矿
黄铁矿	FeS_2	等轴晶系	5.02	6 - 6.5	焊接杆涂层，画图颜料的温度标记材料
金红石	TiO_2	四方晶系	4.18 - 4.25	6 - 6.5	
榍石	$CaTiO(SiO_4)$	单斜晶系	3.40 - 3.55	5 - 5.5	
尖晶石	$MgAl_2O_4$	等轴晶系	3.6 - 4.0	8	宝石装饰物
十字石	$Fe_2Al_9O_6(SiO_4)_4(O, OH)_2$	斜方晶系	3.65 - 3.75	7 - 7.5	宝石
黄玉	$Al_2(SiO_4)(F, OH)_2$	斜方晶系	3.4 - 3.6	8	宝石
电气石	$(Na, K)(Fe, Mg, Li, Al)_3Al_6(BO_3)_3(Si_6O_{18})(OH)_4$	三方晶系	3.0 - 3.25	7 - 7.5	宝石
透闪石	$Ca_2Mg_5(Si_8O_{22})(OH)_2$	单斜晶系	3.0 - 3.3	5 - 6	
锆石	$ZrSiO_4$	四方晶系	4.68	7.5	宝石，锆原料
黝帘石	$Ca_2Al_3(SiO_4)_3(OH)$	斜方晶系	3.35	6	

第四章 地质材料的起源与分布

岩石是矿物的集合体，它们可以是天然形成的，例如花岗岩，也可以是人造的，例如混凝土。自然界里岩石的形成方式主要有三种，分别为火成作用、变质作用以及沉积作用。岩石形成的过程及物质组成决定了岩石所含矿物及岩石结构。结构是指岩石中矿物的大小、形状以及组合方式。

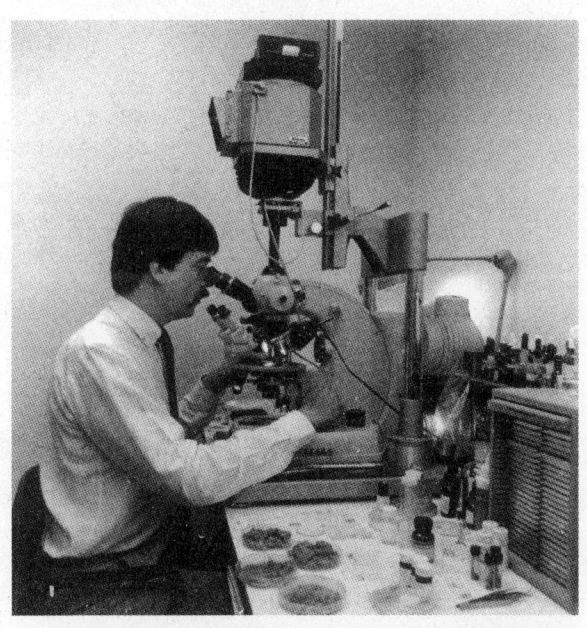

在实验室里的美国 Microtrace 公司法庭显微镜学家 Skip Palenik 和双筒偏光显微镜——图片由 Skip Palenik 提供

普通黏土矿物	
矿物	注释
高岭石	高岭土族黏土是陶瓷中最常见的原始材料。硅酸盐岩强烈风化而成。
埃洛石	陶瓷中也比较常用的一种高岭土族黏土。
蛇纹石族黏土矿物（比如铁铝蛇纹石，拉辉煌岩，纤蛇纹石［石棉］，叶蛇纹石）	玄武岩和其他镁铁质母岩常见的蚀变产物。
伊利石	泥岩的常见组成部分。
海绿石	在许多海相沉积岩中出现的浅绿色砂级大小的颗粒。

续前表

普通黏土矿物	
矿物	注释
蒙皂石（蒙脱石、绿脱石和贝得石是蒙皂石的几种类型）	多数硅酸盐母岩风化后最常见的泥土类型。在长英质火山灰风化过程中大量形成。
伊蒙混层（I/S）	泥岩中的常见组成部分。
蛭石	云母（黑云母和白云母）常见的风化产物。土壤中常见。
绿泥石	镁铁质岩石的另一种常见的蚀变产物。也是一种浅变质矿物。在土壤中也比较常见。
三水铝石	在极其炎热的风化条件下形成的一种非硅酸盐黏土。铝是最主要的一种。
水铝英石和伊毛缟石	快速风化的火山土壤中常见组成部分。

——据 Graham R. Thompson

火成岩是由更老的岩石或其一部分在地下深处温度超过600℃（1 112°F）的条件下熔融形成。随着岩浆冷却，矿物在液态岩浆中生成，最终形成固态岩石，有时为火山玻璃。流出地表的液体岩石（一般由火山流出）叫熔岩，这也是岩浆冷凝后形成的岩石的名称。地球内部的熔融的岩石叫岩浆。一些火成岩是岩浆在地表以下缓慢冷凝形成的。熔岩和岩浆的化学成分非常复杂，几乎包含了地壳里的所有元素，这是因为熔岩与岩浆是由各种不同更老的岩石融化而来的，或者在许多情况下是选择性的融化更老的岩石的一部分。这就意味着火成岩的种类几乎是无限多样的。

除了化学组成，岩浆冷却的速度也是决定所形成矿物的另一因素。在冷却的过程中，不同矿物形成的温度不同，并且一些已形成的矿物在温度下降后也会转变为新的矿物。因为在一定温度下形成的矿物的化学成分可能与周围液体的化学成分有差别，所以液体的化学成分随温度的降低而变化。例如，如果一种矿物需要由10%的铁元素形成，而液体里只含有5%的铁元素，那么在

第四章 地质材料的起源与分布

X 光衍射实验室——图片由 McCrone 研究所提供

矿物形成后,液体通常含铁量低于 5%。一些高温下生成的矿物形成后,就会形成一些液态及晶态的黏稠状混合体,黏稠状混合体的化学成分与原液体的化学成分不同。如果剩余液体流走(这通常会发生),或与之前所形成的晶体分离,那么分离的液体就会像新岩浆一样形成新的矿物。矿物的融化及其重新结晶成大量新的矿物,会使形成的火成岩具有很多种矿物成分。

就如火成岩种类繁多一样,火成岩的结构(即矿物的大小、形状及组合方式)取决于液态岩石的最初化学成分以及液体的冷却速度。熔岩因流出地表而较快冷却,从而形成细小的晶体。而岩浆在地表以下,周围是热的并有绝热体作用的岩石,冷却速度慢。缓慢冷却的岩浆通常生成粗粒的晶体。一些岩石及矿物在冷却过程初期形成的颗粒较粗,而在温度低时形成的矿物颗粒较细。例如,斑岩的结构就是大颗粒嵌入到大量细小颗粒之中。这种岩石通常是岩浆在地表以下缓慢冷却过程中形成的,从而使得早期形成的矿物有机会增大。

具有相同矿物成分的火成岩的结构也可能会变化很大。一本关于火成岩岩类学(即描述火成岩)的标准教科书《火成岩概论》列举了七百五十多种类型的岩石,每类都标有其特有的矿物组成范围及结构。在一片火成岩区域里，当人们走过铺着漂砾及卵石的小河时，或者观察有火成岩砌成的墙时，都能感受到火成岩的类型的繁多。

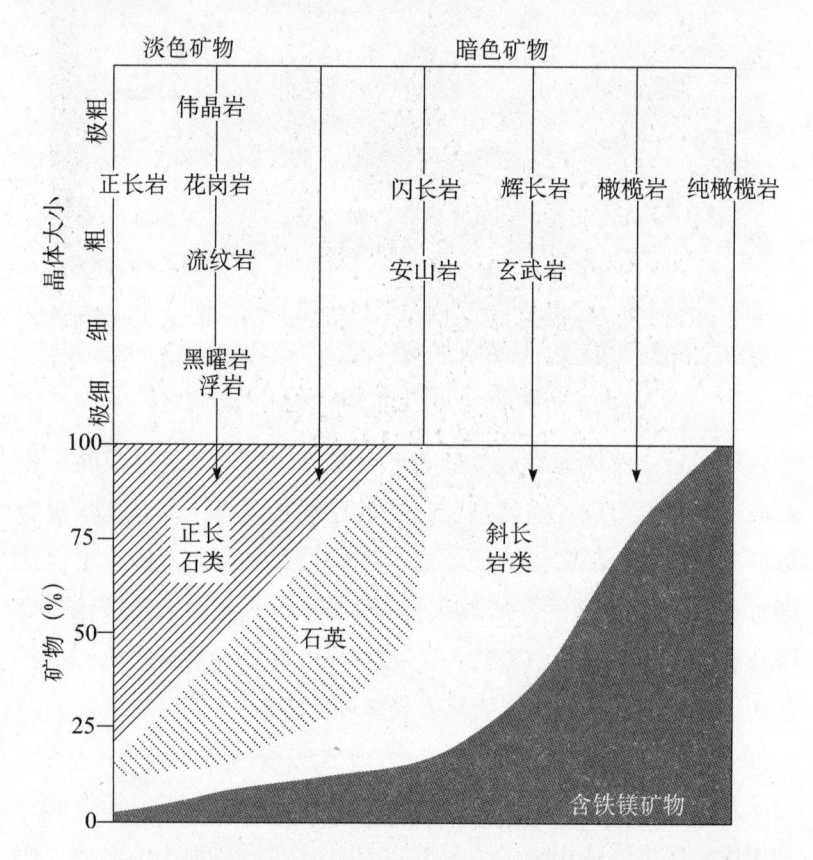

	淡色矿物		暗色矿物			
极粗	伟晶岩					
	正长岩	花岗岩	闪长岩	辉长岩	橄榄岩	纯橄榄岩
粗						
细		流纹岩	安山岩	玄武岩		
极细	黑曜岩 浮岩					

矿物含量（%）：正长石类、石英、斜长岩类、含铁镁矿物

组成沉积岩的矿物是母岩被侵蚀或风化而破碎或分解的产物。水、风、冰或其他形式的力将母岩破碎的颗粒或溶解的元素搬运走，在地表或接近地表的其他地方沉积下来。新的矿物就在颗粒之间产生并将颗粒胶结成固体沉积岩。沉积岩一般有两种类型——化学沉积岩及碎屑沉积岩。

化学沉积岩是由携带溶解的化学元素的水沉淀出来的。例如，如果海水由于蒸发作用而浓缩，各种矿物就会形成并沉到海底。海水所形成的最常见的矿物是石盐——氯化钠，或通常所称的盐。如果你在一个干燥的天气里去海里游泳，然后在太阳下晒干并让

第四章 地质材料的起源与分布

由几种属于火成岩的花岗岩建成的墙

海水蒸发掉，就可以看到石盐晶体在你的皮肤上生成。仔细观察你会看到还有其他几种矿物形成。海洋里的动植物对矿物也有影响。例如，低等海藻体内会生成矿物。当海藻死后，矿物会沉到海底。结壳纲的贝壳、鱼的骨骼和牙齿以及其他脊椎动物也是这样。各种矿物的数量是非常庞大的，可以在海洋、湖泊、河流或者泉水里形成，也可以在动植物组织内形成。这些矿物是大部分化学沉积物及化学沉积岩的组成部分。

岩石出现在不可能生成的地方，这一事实就可能在刑事案件中成为证据。密苏里州的一家农场里丢失了一批良种牛。调查人员怀疑这批牲畜被运到了蒙大拿州的一家大型牧场中。牛身上的标签已经被换掉了，但那群牛的主人认出了它们并确定自己的牛就在那家有嫌疑的牧场中。调查人员发现一辆有嫌疑的运输车上有大量燧石的碎片（一种化学沉积岩）。经过对比，这种燧石碎片与密苏里州的碎石是一致的，嫌疑人否认他的运输车曾经去过密苏里州。进一步的研究证明，卡车里的燧石与密苏里州的牲畜装载梯底部的燧石是一致的，据分析，这些燧石应该是那批牲畜在装运时粘在蹄子上并被带入车厢的。

沉积岩：化学岩类型		
岩石名称	主要矿物组分	一般来源
石灰岩	方解石，$CaCO_3$	海相有机物的外壳
白云岩	白云石，$CaMg(CO_3)_2$	石灰岩蚀变
燧石	石英，SiO_2	海相有机物乳白色外壳以及化学沉淀
石膏	石膏，$CaSO_4 \cdot 2H_2O$	海水蒸发
岩盐	石盐，$NaCl$	海水蒸发
煤	蚀变的植物类物质	植物类物质的聚集

碎屑沉积物是由母岩的破碎部分形成的。在母岩的风化分解过程中，原有矿物会生成新的矿物。风、河流、波浪、潮汐、重力及冰川等营力将新生的矿物及分解的矿物从母岩处搬运走，在别处沉积，从而形成大量的沉积物。这些沉积物呈现出不同的沉积方式。河流里的沉积物可以沉积在河床上，在洪水期里也可以沿着堤岸或越过堤岸沉积。当河流汇入湖泊、海洋时，沉积物会大量沉积，从而形成三角洲。新奥尔良地区就是处于密西西比河三角洲之上的。此三角洲是由河流经过几千年沉积而形成的。波浪和沿岸流搬运沉积形成了海滩。风在吹过海岸的时候，会在岸边卷起沙子然后沉积下来，从而形成海岸沙丘。在植物无法固定沙和粉沙的地方，如沙漠，风能将其轻易地卷起然后沉积成沙丘。

重力能引起山体滑坡，在下面的山谷中形成大量沉积。多数山坡会发生缓慢的滑坡，沉积物在重力的作用下缓慢地从山上向下运动，在坡底形成沉积。同样，当冰川融化或后退时，冰川所携带的矿物、岩石就会沉积下来，形成脊状沉积，称为冰碛层。如果是快速融化，岩石和矿物碎片就会杂乱沉积，形成席状沉积。

几年前，马萨诸塞州北部的一个煤气厂不断地遭受看似人为的破坏，这时候冰川沉积物的鉴别便派上了用场。混有火山岩漂砾和卵石的煤在燃烧时破坏了熔炉的门。这些煤采自宾夕法尼亚州，并经火车和货船运往马萨诸塞州的。似乎是有人在从煤矿到

第四章 地质材料的起源与分布

工厂之间的运输环节中将石块混入煤中。经检测，岩石有经过冰川搬运过的痕迹。调查人员发现矿厂附近的储煤区的土壤是冰川成因的。土壤里含有与煤里相同的漂砾和卵石。进一步调查发现煤矿铲车操作员经常在工作中酗酒，从而使其对煤堆底部深度的判断出现错误，因此将煤堆底部的冰川沉积铲起。这种情况随即得到了纠正。

沉积岩：碎屑岩类型		
岩石名称	主要矿物组分	一般来源
砾岩	磨圆好的岩石碎屑	较粗颗粒，大于2mm
角砾岩	棱角状的岩石碎屑	
砂岩	石英	中等颗粒，0.062 5mm到 2mm之间
长石砂岩	石英，长石含量大于25%	
粉砂岩或页岩	石英和黏土矿物	细粒，0.003 9mm到 0.062 5mm之间，极细，小于 0.003 9mm
泥岩或页岩	石英和黏土矿物	

冰川沉积及重力流所含颗粒大小杂乱不一。在冰川沉积中，尺寸像房子一样大的砾石可与最细的黏土混杂在一起沉积。这种沉积即"分选差"。相反，流体（如水，包括河流、湖水和滨海）或风作为搬运营力时，颗粒的大小取决于搬运介质的速度、黏滞度及颗粒的粒度、形状及颗粒密度。由于水比空气的黏滞性强，因而它能更容易地移动颗粒。一般来说，流体流速越快，所搬运的颗粒就越大。如果流体速度减慢，大的颗粒就会沉积下来。当河流汇入湖泊时，速度会变缓，不再像河水那样流动了，沉积物就会沉积到湖底，大颗粒先沉积，细小的颗粒则较慢。

但速度并不是唯一的决定因素。同等粒度、形状的矿物，密度大的将比密度小的先沉积。因此，流体所搬运的沉积物将被分选，即粒度大小近似的一起沉积。同样，不同密度的矿物可能会沉积在一起，就像在金矿沉积方式中所看到的那样。黄金密度很大，是水密度的15~20倍。与普通轻矿物相比较，当流体速度下降时，黄金能最先沉积。由于黄金颗粒的密度大，它就会与粒度大几倍的石英颗粒一起沉积。如果较粗颗粒的石英和其他普通轻矿物不存在的话，黄金就会与其他较重的矿物一起沉积富集。这些富集的砂矿就是在河流沉积中容易采集到黄金及其他重矿物的地方。

根据矿物粒度、形状、密度的不同而发生的分选和分离是自然过程，并导致沉积物在短距离内的矿物成分差别较大。当我们想到每条河流都会流过矿物成分及结构差别较大的岩石，想到河流里任一地方的矿物或可能的矿物组合都能在上游找到时，那么对于矿物成分、矿物或岩石颗粒的大小、结构的无限多样性以及从一个地方到另一个地方的快速变化这种现象，我们就不会感到奇怪了。

河流、风、波浪、潮汐、重力及冰川沉积的碎屑物质能转变为坚硬的岩石。当水流过颗粒间的孔洞或缝隙时就会沉淀出新的矿物。这种沉淀称为矿物胶结。因此沉积岩由三部分组成：矿物或岩石的颗粒、颗粒间由空气或水充填的空间（称为孔隙）、在孔隙里生成并将颗粒粘接在一起的胶结物。化学成分和结构及胶结矿物的数量扩大了沉积岩的多样性。

常用粒度分级标准			
伍登—温德华	Ø$_a$ 值	德国分类标准[b]（据阿特堡）	美国农业部和土壤部壳牌石油公司	美国工兵部队、陆军部及开垦局[c]
		巨砾		巨砾
中砾		—200mm—	粗砾	—10 in.—
			—80mm—	
—64mm—	—6			粗砾
		砾		—3 in.—
砾石		（硫化物矿石）		
				砾
—4mm—	—2		砾	
				—4mesh—
卵石				
			巨砂	
—2mm—	—1	—2mm—	—2mm—	—10mesh—
极粗砂			极粗砂	
—1mm—	0		—1mm—	
粗砂			粗砂	中砂

第四章 地质材料的起源与分布

续前表

常用粒度分级标准			
伍登—温德华	Øa 值	德国分类标准[b]（据阿特堡）	美国农业部和土壤部壳牌石油公司	美国工兵部队、陆军部及开垦局[c]
砂			
—0.5mm—	1		—0.5mm—	—40mesh—
中砂			中砂	
—0.25mm—	2		—0.25mm—	
细砂			细砂	细砂
—0.125mm—	3		—0.10mm—	
极细砂			极细砂	—200mesh—
—0.0625mm—	4	—0.0625mm—		
			—0.05mm—	
粉砂		粉砂	粉砂	
—0.0039mm—	8	—0.002mm—	—0.002mm—	微粒
黏土		黏土（嗅阈值）	黏土	

[a] $Ø = -\log 2$.
[b] 忽略陆上大小的再分
[c] 美国标准筛网目数：4mesh = 4.76mm，10mesh = 2.00mm，40mesh = 0.42mm，200mesh = 0.074mm

新泽西州的一对夫妇和他们十几岁的儿子回家时，发现家里有一个窃贼被困在起居室里，窃贼拿起一把椅子砸碎了带画的窗子，并跳出去逃到街上。这家的孩子随后追了过去。当他接近窃贼时，窃贼反过身来用手枪把孩子当场打死了。几天后，警察找到了一个犯罪嫌疑人，并在他的房间里发现一双鞋，鞋上有一种碎屑沉积物，红色页岩，粘在他的后脚跟上。在那对夫妻家中窗户外侧的草坪上，调查人员发现在窃贼跳下的地方有一些特殊的脚印，把犯罪嫌疑人鞋上的碎屑及草坪上的土壤样品进行比较分析后结果表明，从颜色、结构、植物组成及矿物成分等方面分析，土壤样品与犯罪嫌疑人鞋上的碎屑是吻合的。面对证据时，犯罪嫌疑人供述了自己的罪行。

岩石的形成是一个持续的过程，这个过程是从45亿年前地球的形成时期就开始的。许多成为新沉积岩一部分的岩石及矿物可能曾经是老一些的沉积岩的一部分，并且不是直接起源于火成岩的。这些就是所谓的再循环颗粒。鉴于此，了解矿物本身不同的耐磨性及抗溶蚀性是有必要的。同样，在暴露在水里或风里的情况下，一种相对软的矿物，如石膏（在摩氏硬度标上硬度只有2），将比硬一些的矿物磨蚀得更快，如石英。因此软一些的矿物将出现在更细小的颗粒中或者在搬运过程中消失。在抗溶蚀方面，一种矿物的抗溶蚀性取决于化学组成及环境（被潜水溶解还是河水溶解）。微酸性的潜水溶解方解石的速度大于其他矿物，但对石英没有影响。因此，是否被溶解不仅取决于矿物本身，同时还取决于搬运过程中矿物所接触的气候及水等环境。

同时，矿物经常受到动物的影响。例如，当一只蚯蚓吞下矿物微粒，在其消化道里会发生许多物理、化学变化，一些矿物因此而消失，而另一些则没有发生变化。

因此，遭受多旋回风化和搬运的沉积物中含有耐溶蚀耐磨的矿物，而不耐溶蚀耐磨的矿物则极少。大多数沉积岩中含有新的矿物和岩屑以及一些较老的物质，在较老的物质中，只有最耐溶蚀耐磨的矿物才能保留下来。

火成岩和沉积岩会被更年轻的物质埋藏，直到地球深处。这发生在地表一些沉降的地区。如路易斯安那州南部正在迅速下沉，以至于密西西比河几百年前所沉积的沉积物现在被几千英尺的沉积物所覆盖。同时，地球其他一些地区正在上升。加利福尼亚州西海岸山顶上的岩石在几百万年前曾经处于海平面以下并被沉积物覆盖。

埋在地壳中的火山岩和沉积岩受到高温高压影响。地壳自恒温层以下，随着深度每下降100米（相当于100码），温度就会升高1℃（34℉）。压力至少相当于上覆岩石的重量。在高温高压条件下，岩石内部生成了新的矿物，岩石随之发生变化，这种岩石称为变质岩。

形成变质岩的新矿物仅在高温高压下生成。因此，它们一般在地表或浅层中不能生成，而是在较深处形成。除了生成新矿物，

第四章 地质材料的起源与分布

摩氏硬度标准		
标准矿物		普通物品
金刚石	10	
刚玉	9	
黄玉	8	
石英	7	
正长石	6	钢刀
磷灰石	5	玻璃、刀尖
萤石	4	
方解石	3	铜钱
石膏	2	手指甲
滑石	1	

变质岩的结构也与母岩不同，很特别。原来组成页岩的碎屑微粒会变成大量云母晶体，并且云母平行排列，变成云母片岩。新生成矿物如石榴石或十字石可以在片岩中形成。究竟形成什么矿物取决于原始沉积物及岩石所处环境的压力和温度。我们又一次看到影响因素共同作用导致了岩石多样性。

变质岩			
岩石名称	结构	主要矿物	来源
板岩	细粒；光滑，板劈理；颗粒不可见	黏土矿物、海绿石和少量云母	页岩
片岩	中粒；颗粒可见；片状矿物相互平行	各种片状矿物，比如云母、石墨和滑石，加上石英和斜长石类	页岩、玄武岩
片麻岩	颗粒中到粗；浅色条带与暗色条带交互出现	石英、长石类、石榴石、云母、角闪石，有时出现辉石	页岩、花岗岩
石英岩	中粒	石英	砂岩
大理岩	颗粒中到粗	石英、方解石、白云石	石灰岩或白云岩

所有这些作用的最终结果是产生几乎无限多的岩石种类。当我们观察地表岩石时，岩石的多样性会立即给我们留下深刻的印象。这就解释了为什么土壤作为证据是有价值的。如果两种样品具有相同的属性，那么它们非常有可能来自同一地点。

由各种属于变质岩的片麻岩建成的墙

化 石

岩石，尤其是沉积岩，常含有动植物的化石。这些化石具有多种用途。地质学家用它来确定岩石的年代。由于在进化过程中，动植物在不同时期变化很大，因而我们发现某种化石出现在某个地质年代的岩石中，却在更早或更晚的岩石中缺失。一些化石在很长一段时期的岩石中都存在，因为这些动植物进化得很慢。另一种情况是一种化石或化石群落存活时间短，只能在特定时期的岩石中出现。

岩石中已发现的最古老的化石存活于35亿年前。然而大多数早期生物没有像贝壳一样坚硬的耐分解的身体部分，因此很少能保存下来。在6.5亿～5.5亿年前，动物进化到产生坚硬的部分了。从那时起，这些硬体部分有时保存在沉积岩中，并能被找到。

第四章　地质材料的起源与分布

跟现在的动植物选择栖息地一样，过去的动植物也是择地而栖的。例如，一种牡蛎只能生活在温度变化不大、盐度适宜的海水里，并且要求海底坚硬以便它们能固着生长。同样，古代动植物只能在特定环境下生存，因而两种生活在同一时代的化石有可能生活在不同环境里。因此，我们发现岩石中化石是多种多样的。目前已识别出的动物化石超过 190 万种。

<table>
<tr><th colspan="5">地质年代表</th></tr>
<tr><th></th><th>纪</th><th>世</th><th>同位素年龄</th><th>演化阶段</th></tr>
<tr><td rowspan="6">新生代</td><td rowspan="1">第四纪</td><td>更新世</td><td>3</td><td>人类出现</td></tr>
<tr><td rowspan="5">第三纪</td><td>上新世</td><td>22</td><td>哺乳动物多样化</td></tr>
<tr><td>中新世</td><td></td><td></td></tr>
<tr><td>渐新世</td><td></td><td>植物大量出现，食草动物蔓延</td></tr>
<tr><td>始新世</td><td></td><td>马出现</td></tr>
<tr><td>古新世</td><td></td><td>哺乳动物演化发展，恐龙灭绝</td></tr>
<tr><td rowspan="3">中生代</td><td colspan="2">白垩纪</td><td>130</td><td>被子植物出现</td></tr>
<tr><td colspan="2">侏罗纪</td><td>180</td><td>大量恐龙出现，鸟类出现</td></tr>
<tr><td colspan="2">三叠纪</td><td>230</td><td></td></tr>
<tr><td rowspan="7">古生代</td><td colspan="2">二叠纪</td><td>280</td><td rowspan="3">原始哺乳动物出现，许多松柏类和苏铁类植物出现，恐龙出现，爬行动物出现，松柏类植物发展早期原始爬行动物出现大量昆虫、煤成林出现</td></tr>
<tr><td colspan="2">宾夕法尼亚纪</td><td rowspan="2">340</td></tr>
<tr><td colspan="2">密西西比纪</td></tr>
<tr><td colspan="2">泥盆纪</td><td>400</td><td>鱼类多样化</td></tr>
<tr><td colspan="2">志留纪</td><td>450</td><td>两栖动物出现
林木出现</td></tr>
<tr><td colspan="2">奥陶纪</td><td>500</td><td>早期陆上动植物出现
鱼类出现</td></tr>
<tr><td colspan="2">寒武纪</td><td>570</td><td>大量海生无脊椎动物出现</td></tr>
<tr><td colspan="3">前寒武纪</td><td>4 500</td><td>简单的海生植物发展
地球生命现象的开始</td></tr>
</table>

一些化石比较常见，而一些比较稀少。利用与生物学家研究识别现有动物类似的方法来研究识别化石的人，称为古生物学家。大多数古生物学家擅长并可以熟练辨别一组化石。例如，恐龙骨头、珊瑚或像硅藻一样的显微生物。为识别一种化石，古生物学

家将它与已识别出的样品进行对比。化石增加了岩石的多样性，这也有利于样品的对比或确定样品的原始来源，尤其是只能用显微镜观察的微小化石，其效果更加突出。

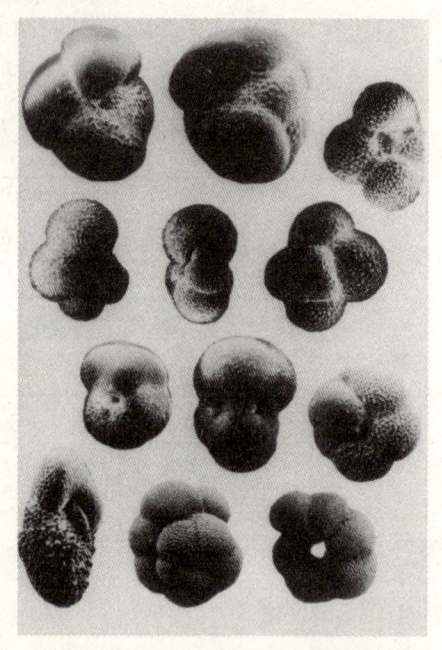

在矿物和艺术品商店里，可以看到很多采自犹他州、科罗拉多州及怀俄明州的始新统绿河组的壮观的鱼化石，并且它们是可以出售的。这些保存完好的鱼化石都是出现在沉积岩纹层中的。这些纹层与冰川湖的纹泥相似，而冰川湖里的一个纹层代表一年。湖水较深部分可能是缺氧的，从而导致底部没有生物存活，没有生物吃掉死鱼或扰动沉积物，结果形成了美丽的纹层以及保存完整的化石。绿河组的鱼也

微动植物化石中发现的几种有孔虫变种——图片由 R. K. Olsson 提供

可能是生活并死亡于周期性干涸的沙漠盐湖里。

由于许多化石都具有很高的经济价值，因而有人会到美国政府属地或私人土地中去偷挖化石，然后作为合法收藏品给卖掉。几年前，FBI 的法庭地质学家 Bruce Hall 被任命调查绿河组的鱼化石丢失案。某人被指控从政府所属的土地上盗窃化石，而嫌疑人却称自己是从山的另一边采集到鱼化石的，而且也获得了土地所有者的许可。幸运的是，他采集鱼化石时的岩心尚在，仍然可以用来研究。Hall 测量了化石围岩的每个年纹（一个纹层是一年内沉积的，代表一年。——译者注）的厚度。每个年纹的厚度取决于那一年的环境。由于每年环境都不同，不同地点的岩石年纹的厚度组合形式是可以对比的。犯罪嫌疑人的化石的年纹厚度组合与政府所属的土地的地表岩心的年纹厚度组合形式是一致的。

第四章　地质材料的起源与分布

而在山的另一边，即犯罪嫌疑人所称自己采集化石的地方，与化石年纹厚度组合相符的样品却在地表以下几百英尺。Hall 的证据表明，犯罪嫌疑人的鱼化石是采自政府所属的土地上，而不可能来源于他所说的地点。这些证据表明犯罪嫌疑人是个盗窃鱼化石的盗贼。

煤

煤是主要由化石植物遗体组成的岩石，甚至今天在沼泽里也有类似的物质形成。水将碎屑矿物颗粒搬运进沼泽地，在这种环境里，矿物与植物混合在一起，使煤掺杂了杂质。沼泽沉积物被埋到地下后，逐渐由原来的沉积岩转变为变质岩，以下为转变的不同阶段：植物→泥炭→褐煤→烟煤→无烟煤。有机质本身主要含有碳、氢、氧以及微量的氮、硫及其他微量元素。在煤变质的不同阶段中，碳的百分含量逐渐增加，氢氧的含量降低，从而导致煤的类型极其繁多。

通常，煤是用于燃烧的，有时煤的碎片会出现在从汽车拖斗打扫下来的物质中，出现在古老城市的土壤里以及许多远离煤矿床的地方。如果样品里含有煤，那么煤的含量以及由显微镜所观察出的煤的种类对法庭地质学家很有帮助。除了用显微镜观察外，由于煤作为化石燃料已经得到充分的研究，因而现在有差热分析技术及详细的化学成分分析技术也可以帮助鉴别煤的样品。

土壤的形成

地球的绝大部分是由固体岩石组成的。大陆板块是由浅色的富硅岩石组成的，其平均密度比位于世界各大洋之下的岩石低。这解释了为什么海洋是低的并因此充满了水。海底之上覆盖的泥沙含有丰富的矿物，这些沉积物之下是由更老的矿物颗粒天然胶结在一起形成的岩石。这些岩石下面是由火山熔岩组成的坚硬的洋盆基底，这种熔岩一般是比大陆岩石色更深、硅含量更低、密度更高的岩石。

大陆上的岩石一般被土壤覆盖着。我们只能在土壤被移走的地方看到坚硬的岩石。例如，在为修公路或铁道挖开的地方，沿河岸边，海边的峭壁及山坡上，均可以看到坚硬的岩石。露出地表的岩石称为露头。大多数岩石是由未固结的、疏松的物质覆盖着，这种物质由矿物及岩石分解或破碎的部分组成。目前，我们称之为土壤。每个地区土壤的厚度（即从地表到坚硬岩石的距离）都不同，从不到1毫米到几百米不等。

土壤形成的方式有两种：一种是原生的，另一种是异地搬运的。原生土壤是指在原地生成的物质。露头上的岩石暴露在地表遭受风化剥蚀，岩石破碎、分解后形成大量碎屑物质，还有一些物质通过雨水和潜水的作用而溶解了。

岩石的风化和分解有多种方式。其中几种非常有效的机械方式为冰劈、根劈、岩石内部产生新矿物以及矿物膨胀。冰劈是指水渗入岩石的裂缝中然后结冰。冰的体积比水的体积大，体积增大的冰将裂缝撑大，致使岩石破裂。树根与冰的作用原理相同。我们经常看到由以上两种方式引起的混凝土小路及公路的破裂。新矿物的生成同样也会使岩石破裂，新矿物可能是由潜水结晶析出的，尤其是在蒸发浓缩的水里。一些矿物，例如黏土，遇水变湿时体积会膨胀。这种膨胀也会使岩石破裂和碎裂。

化学作用是影响岩石的又一因素。雨水及潜水比其他物质溶解矿物的速度更快，使得岩石中出现溶孔。这些溶孔使岩石破碎形成黏土。岩石长期遭受水的侵蚀，其中的长石矿物及富铁、镁离子的硅酸盐矿物会转变为黏土矿物，因此矿物颗粒增大将岩石分解为疏松的黏土岩。一些碎屑会被风及水搬运走或被分解，但残余的黏土是直接由下面的岩石形成的。

形成黏土的第二种方式是黏土物质由异地搬运过来。一个地方生成的矿物可以被各种营力搬运到其他地方。自然界中搬运形成黏土物质的方式有很多种。风化而生成的岩石及矿物的碎屑可

第四章 地质材料的起源与分布

在三个不同地层中弱压实的河流相砂岩层和砾岩层，物质从高层滚落，被水流带向低层位

以由河水搬运走，然后沉积成沙坝、砾石或泥质堆积。风能将大量碎屑物质搬运走，然后沉积成沙丘或黄土。海岸及湖岸的波浪和潮汐将矿物及岩石打碎并搬运走，最终将颗粒沉积下来形成海岸沉积以及海洋或湖底的沉积。水所搬运的化学元素可以为水中壳类动物生长贝壳提供钙元素，壳类动物死后也可以为土壤形成提供物质。重力引起的泥石流将大量岩石矿物的碎屑冲下山坡，在山下形成大量新的异地沉积物。

北纬度地区及高山的山顶及斜坡上有重要证据显示，从大约百万年前到一万年前，地球经历了气候的周期性变化，尤其以气候寒冷湿润的冰川时期为特征。在那个时期的北部地区及高山上形成了冰川。直至今天的美国还被这些冰川覆盖着，南到新泽西州中部、俄亥俄州、伊利诺伊州、堪萨斯州以及落基山的许多山峰都被冰川覆盖着，一直延伸到新墨西哥以南的大部分地区。北欧及亚洲以及阿尔卑斯山高海拔地区也同样被冰川覆盖着。在运动过程中，冰川不仅对周围环境具有强大的侵蚀力，而且还能携带搬运岩石。冰川搬运的岩石会刻挖、磨蚀下伏的岩石。当冰川融化后，冰川所携带的岩石碎屑就堆积到新的露头上。这种岩石及矿物碎屑称为冰碛物或冰碛。另外，冰川融水形成的小溪及小河可以搬运走大量的岩石矿物碎屑，即冰水沉积物。风吹过冰川，带走大量的尘土并在宽阔的地方沉积下来，生成的土壤称为黄土。冰川区域的许多黏土物质都是冰川作用的直接产物。

加拿大法庭地质学家及警察 Richard Munroe 曾负责一起典型的"调包"案例，该案例显示了冰川对土壤形成所起的作用对法庭地质学的重要性。1997年，一批价值300万美元的金沙从加纳内陆运往沿海地区。这批货装在一批木板箱子里，箱子里装着用帆布袋子装的金沙。箱子空运到伦敦加工处理。在这段时间里，箱子在货仓里存放了几天，并且没有经过海关检查。由于在英国商议加工成本与税务时起了争执，因而货主决定将货物运往加拿大处理。箱子继而运往阿姆斯特丹，又存放了一段时间，而且又没经过海关检查，随后空运到加拿大的多伦多。在加拿大海关，箱子被加上了标签，并加封了封条，但又一次没有受到检查。最后，一辆装甲车将它们运到了一个安全的仓库里，然后运到了加工公司。

当箱子最终被打开的时候，工作人员发现金沙已经全部被换成了沙子和铁锭子。那么究竟是谁，在哪里调换的？调查发现，唯一安全的环节就是在箱子抵达加拿大之后。箱子被打开时，加拿大的封条还丝毫未动过，然而调查人员仍不能排除金沙在加拿大被调换的可能性。此外还存在其他的可能性，箱子经过三条航线运输并使用了多个货物装运及储存设备，谁该为丢失的金子负责？

Munroe 用光学显微镜、扫描电子显微镜及阴极发光镜仔细研究了沙子。他注意到沙子不是冰川成因的，因为沙子里缺乏新碾磨的矿物，并遭受了强烈的热带或亚热带气候风化。这就排除了在英国、荷兰境内作案的可能性，并把调查的重点指向了加纳机场。沙子里有火山岩及沉积岩碎屑并曾经发生过变质。这些碎屑与加纳的地质情况相符。

警方联系了加纳警方及政府当局，以索取参考样品进行对比研究。加纳方称由于有叛乱运动，要接近矿区必须要有武装保护。该地区道路崎岖，大多数路程都要步行而且还要雇用当地合适的

第四章 地质材料的起源与分布

人去采集样品。加纳警方基本无法为加拿大调查人员提供任何帮助。因为生产金矿的公司也可能卷入了犯罪，所以调查人员也不能与该公司联络索取样品。最终，调查人员无法调查金沙被转移的现场，而采矿公司也撤回了索取保险的诉求，这就排除了加拿大或加拿大人的嫌疑，加拿大方面对本案也就失去了兴趣。尽管在加纳所发生的事实真相还无从得知，但是 Munroe 的研究已经很好地服务了加拿大政府及人民。

土壤不仅含有疏松的矿物、岩石的碎屑，它也含有有机物质。土壤覆盖在地表为植物的生长提供养分。土壤在地表形成，是生物与非生物相互作用的结果。绿色植物通过光合作用储存太阳能，植物死后剩余物质被埋入土里腐烂。植物腐烂后释放出能量，然后产生新的物质。在土壤里变化的其他过程中，许多矿物都发生了变化，甚至消失。然而大部分的变化是缓慢发生的。土壤是一个动力系统，在这里生物化学和化学作用经常会发生，在很大程度上生物化学反应的速度受温度及湿度的影响和控制。

土壤是个三维体。土壤随深度的变化而变化。因此，在 3 英尺处取得的样品与在 12 英尺或 15 英尺处取得的样品的特征可能完全不同。那么，对粘在鞋子、衣服及轮胎上的土壤与自然界中某一场所的土壤进行对比分析时，调查人员必须对采样地点及样品所处的深度进行综合考虑。例如距离地表 3 英尺的土壤颜色可能是灰色并含有 4‰ 的有机质。距离地表 15 英尺的土壤就可能是棕黄色并含有 1‰ 的有机质。不同层或层位的土壤组成了土壤剖面。各个层位的土壤在外观、颜色、结构、化学组成及矿物属性等方面具有其特点。不同层位的土壤用肉眼就能识别出，在实验室里还可进一步分析其特性。

现有土壤有多少种呢？没有确切的数字。大多数研究土壤的科学家都认为地球上任意两点的土壤都是有区别的。1675 年，英国的 John Evelyn 发表了他划时代的哲学观点，他认为世界上至少有 179 001 060 种不同的土壤存在。1909 年，美国农业部列出了 230 种土壤并进一步划分了土壤的种类。例如，哈格斯托（一种产自美国东部石灰岩山谷的干燥土壤）是一种土壤系列的名字。然而，哈格斯托黏土与哈格斯托粉沙是土壤的类型。美国在1930年就已识别出大约1 500种土壤，到1965年增至10 466种。因此，识别出的土壤类型的数量在一定程度上经常取决于研究的目的、需要及深度。如果把美国所有的土壤都以4英尺/米的比例（美国农业部常用的比例）画出来，我们就能识别出20 000种。尽管数目如此庞大，但在所画出的单元里还可以进一步细分土壤种类。

  土壤形成过程的复杂性对法庭地质学家来说是至关重要的。正如上面所讨论的，考虑到残余的土壤物质可以由多种岩石生成，可以在多种气候下被改造，土壤的组成也可以发生变化，土壤颗粒可以被搬运并被选择性地沉积下来，因此，为什么不同地点的土壤变化会如此巨大，就不足为奇了。

  一个案例涉及烟叶丢失后被卖到批发店里，该案例可以说明农田里土壤的多样性。烟叶上有充足的土壤以供研究。调查人员也从原告土地里及犯罪嫌疑人的田地里采集了土壤样品。调查人员确定被盗烟叶应该是生长在属于原告的一块10英亩土地的南部，并且叶子上的物质与犯罪嫌疑人地里的样品不符，这证明了烟叶并不是犯罪嫌疑人的。

  在著名的可沃斯（Coors）绑架谋杀案中，一家啤酒厂老板的孙子Adolph Coors III于一天早上，在靠近科罗拉多州莫利斯及丹佛市西南部的落基山脚下失踪了。在案发现场，他的摩托车的马达仍在运转，此外人们还发现了他的墨镜及血点。然而没人知道他去了哪里，发生了什么事情。一个月后，犯罪嫌疑人的机动车在新泽西州的亚特兰大市被发现，当时该车正在燃烧，机动车的防护板上的土壤样品显示粘有四层土壤。经比较，最外层的土壤是垃圾场入口处的土壤。而里面的三层含有丹佛市西部落基山山前的矿物颗粒。很显然，在科罗拉多州与新泽西州之间，这辆车仅仅接触过路面而已，因为它没有再获得土壤层。为了帮助确定受害地点，调查人员从落基山山前收集了三百六十多种土壤样品，并开始与摩托车上的土壤进行对比。在他们完成之前，一位

第四章 地质材料的起源与分布

猎人在丹佛市南部 27 公里处发现了被害人的尸体。经进一步与现场对比，调查人员发现犯罪嫌疑人机动车上的第二层新土壤与被害人被发现的地点的土壤一致；第三层土壤与被害人农场里的土壤一致；第四层土壤，也是最早的一层土壤，与最终采集和研究的 421 个样品均不一致，但可能是丹佛地区的土壤。由于这项研究帮助将犯罪嫌疑人机动车与犯罪现场联系了起来，因而这一证据对于这起绑架谋杀案的立案作出了贡献。

花粉及孢子

在法庭科学工作中，越来越重要的一个地球科学领域就是对花粉及相关孢子的研究。这些能引起花粉热的微小物体具有极高的证据价值，因为植物的种类纷繁复杂。植物产生大量的花粉，这些微粒反映了一个地区植物的共同特征。研究花粉和孢子的科学家被称为孢粉学家。当孢粉学家研究现代植物时，他们的研究方法与植物学家的研究方法相似；当他们研究古代植物时，他们的研究方法与古生物学家的研究方法相似。

花粉与孢子在法庭科学方面的一项重要研究是弄清一个特定区域产什么花粉及孢子，以及以什么形式传播。除了庞大的花粉种类以外，不同种类的花粉的大小与重量也不同。这一点对花粉的传播方式及聚集有很大的影响。例如：大麻、桤木、桦木这一类植物的花粉很小很轻，它们在空气中的降落速度约为 2 厘米/秒。玉米及冷杉等较大较重的花粉降落速度可达 30 厘米/秒。花粉在一年内特定的时期出现，这就增强了它作为证据的价值。著名的瑞士犯罪学家 Max Frer 在一个案例里证明了花粉作为证据的价值。在案件中，犯罪嫌疑人称他的枪已经封存在一个盒子里一年多了，并没有动过也没有用来实施犯罪。Max Frer 发现了粘在枪上的油里的桤木花粉和桦木花粉，并证明了这两种树正是在犯罪时间内传播花粉的。

在一个近期发生在英国的案例里，某人被指控犯了强奸罪。

犯罪地点为一处拥有来自世界各地的许多种植物花草的公园。据犯罪嫌疑人称，他自己从来未去过那个公园，然而他却无法解释他的夹克上为何粘有许多来自那个公园的大部分种类的花粉。

1959 年，有人在靠近维也纳的多瑙河上划船度假时失踪了，警方发现一个犯罪嫌疑人，但是没有找到被害人的尸体。奥地利调查人员请来维也纳大学的孢粉学家 Wilhelm Klaus 教授检查犯罪嫌疑人鞋上所粘泥浆里的花粉。在泥浆里，Wilhelm Klaus

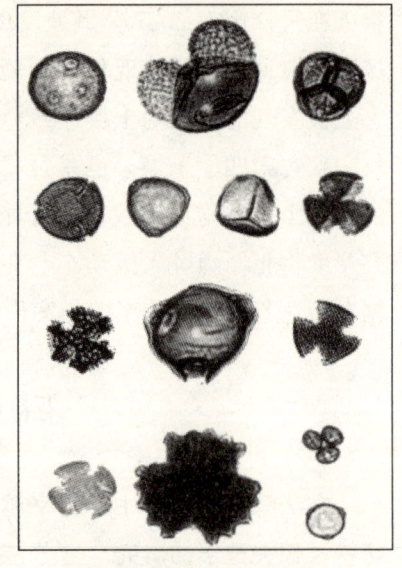

普通花粉粒样本——图片由 Paticia Wiltshire 提供

发现了近期的云杉花粉、柳树花粉及桤木花粉，并且有趣的是，他还发现了来自距今 2000 万年前中新世沉积岩中的山核桃化石孢粉。他知道这些花粉组合只能在维也纳以北 12 英里（20 公里）的一小块区域内找到。当警察把证据放在犯罪嫌疑人面前时，他承认了犯罪事实，并带警察去了埋尸地点。在法庭科学研究中，鉴别花粉及孢子有很大的使用价值。调查人员通过检查花粉与孢子追踪出了毒品运输路线。他们发现了飞机、卡车及汽车里的花粉。空气过滤器是寻找证据的一个很好的地方。对尸体上的花粉进行研究有助于确定案发现场。花粉能聚集在衣服上、皮肤上或者肠胃里。许多研究发展到了证实一些产品的国家或原产地，如蜂蜜、干果、咖啡等。用来检查古代家具或艺术品上所带的花粉的时期及地点，可以确定家具与艺术品的真实性。毫无疑问，未来对于这些小颗粒的应用会更频繁。研究人员会发现许多新的用途。如需更多法庭孢粉学信息，请登录网站 www.crimeandclues.com/pollen.htm，查看《法庭孢粉学：抓贼的新方法》。

第五章

人造地质材料与商业性地质材料

在工业及商业等方面,岩石及矿物等材料有着广泛的用途。此外,许多人造矿物及矿产品的制备与分布也较为普遍,例如玻璃或研磨剂等。在这些商业产品中,矿物及岩石经常同其他材料混合在一起;有些情况下,那些颇具特异性的新材料也会在制备过程中产生,进而提升其证据价值。在人造材料比较集中的市区里,情况更是如此。实际上,城市里的土壤中常常会混杂着人造材料和天然材料。

无论是人造材料还是天然材料,法庭地质学家都使用相同的方法进行检验。许多情况下,对于天然材料和人造材料的区分是极为有意义的。例如,如果保险箱专用的绝缘材料出现在另一个与保险箱制备、维修行业无关的人的衣物上,其来源就值得思考。因为,通常情况下,这种绝缘材料是被密封在钢铁内部的,只有在击打、切割、猛烈破坏保险箱时,这些材料才会被释放出来。

最近,在英国的一起案件里,人造矿产品识别技术在该案的侦审过程中发挥了重要作用。案件起源于一位被害的女性。根据已有证据,警方有理由怀疑实施犯罪行为的是某公司卡车队的一名驾驶员,但是他们无法确定究竟是哪位驾驶员。对被害人衣物进行检验时,勘查人员发现了许多由打火石材料形成的小斑点,这种材料通常被用在打火机上。于是,警方对该卡车队的车辆进行搜查,并在一辆卡车的副驾驶位置上发现了类似的小斑点。驾驶该车的司机有很大的烟瘾,常常随身带着打火机。打火机的打火石中含有镧系铈———一种金属材料。脱落到副驾驶的座位上的就是这种特殊的材料,被害人上车后,这种材料进一步转移到她的衣物上。最终,这名驾驶员被警方逮捕并受到法律的制裁。

虽然许多制造商都将产品的配方当做商业秘密一样保护起来，但是，大多数法庭科学实验室都了解这些人造材料的组成。即便他们无法追踪某一种痕量的材料究竟出自哪种产品，但是他们仍然可以像处理天然材料那样，将这种痕量材料同另一份嫌疑样品进行对比分析。通常情况下，法庭科学实验室都会保存并积累大量的人造矿产品，用做对比分析。

玻 璃

在各种不同类型的案件中，玻璃制品是最为广泛使用的一种证据。汽车灯丝断裂、犯罪分子破窗而入时打碎的玻璃、当做武器使用的碎玻璃瓶、用在投影屏及高速公路反射栅条上的玻璃珠、岩石及玻璃棉隔热材料等，类似的例证不胜枚举。在很多案件中，警方都会发现两种或两种以上的玻璃同时出现在犯罪嫌疑人身上及犯罪分子非法进入的通道里。同单一对比结果相比，多个对比结果的交叉证明能力更为突出。

多数玻璃由钙、钠和硅这三种主要元素构成，同时还掺杂一些其他种类的微量元素。玻璃分为天然的（如火山玻璃，也称黑曜岩）和人造的两类，其中后者更具普遍性。制备玻璃时，首先对玻璃砂或其他矿物进行加热，使其熔化为液态，然后使液态物质冷却凝固。通常我们将该冷却凝固过程称为"退火"，两端温度不同的管道常用于退火工艺中，液态物质在管道内流动时，由温度较高的一端进入，自温度较低的一端流出，其温度会慢慢降低。退火工艺对玻璃的折射率存在一定影响，进而导致玻璃产品具有一定的特异性。

人类制造玻璃的工艺始于公元前4000年。同传统工艺相比，现代制造商们生产出的玻璃五花八门。截至目前，世界上已经有超过10万种玻璃配方及1 000多种不同组分的玻璃产品。钠钙玻璃是最为常见的一种，它被应用在玻璃窗、玻璃瓶、灯泡及压制玻璃器皿的制备过程中。在制备封闭式前照灯、防热玻璃时，制

第五章 人造地质材料与商业性地质材料

造商通常会在配方中加入硼元素；铅碱玻璃常常用于制备水晶玻璃、氖信号管及电视接收管。通过快速加热、快速冷却的方式制备的钢化玻璃常常用做汽车的车窗，在外力作用下，这种钢化玻璃会破碎成细小的颗粒而不是锋利的大块碎片。通过在两层普通玻璃中间添加塑料层的方式可以获得夹层玻璃，这种玻璃常作为挡风玻璃用于美国汽车制造业中。那些彩色的玻璃往往是通过添加不同元素的方式获得的。

最近在落基山西部发生的一起案件中，玻璃协助警方将犯罪分子绳之以法。一群十几岁的青少年聚集在远离城市的偏僻地区喝酒，聚会中，一名男孩欲对一名女孩实施强奸。这时，另一名见义勇为的男孩站出来保护这位女孩，并开车把她送回城里。强奸未遂的坏男孩怀恨在心，偷偷尾随这位见义勇为的男孩，并趁机用一根铝制的棒球棒，先将车窗玻璃打碎，然后猛击车内的被害人。在打击过程中，从车窗玻璃上脱落下来的痕量银颗粒嵌到棒球棒上。通过对比从嫌疑人棒球棒上提取的附着物及被害人的车窗碎片，警方找到了将犯罪嫌疑人同涉案袭击者联系起来的证据。

在另一些案件中，调查人员甚至可以将脱落的小玻璃碎片复位到原来的整体中，以获得特征性更强、价值更高的证据。在更多的情况下，在法庭科学领域内对玻璃进行的研究都要依赖材料性质方面的差异，以及技术人员能够识别这种微弱差异的能力。密度、折射率、化学成分以及散射性能是玻璃检验中涉及最多的四种性质。

测量密度时，技术人员首先将一小块玻璃碎片浸入三溴甲烷及溴代苯的混合溶液中。通过改变这两种化学试剂的含量来调节混合溶液的密度，直至玻璃碎片能够悬浮在混合溶液中为止，此时混合溶液的密度就是被测玻璃的密度。之后，将其他几个形状、大小相似的玻璃碎片浸入上述混合液体中，进行密度对比分析。那些能够悬浮在混合液体中的玻璃碎片与最初放置的玻璃碎片就具有相同的密度。使用这种悬浮法可以将密度差别大于 1mg/mL

的玻璃颗粒有效地区分开。

　　测量折射率的常规方法主要有两种：双参数法及玻璃折射率法（GRIMⅡ法）。使用双参数法时，技术人员通常会将玻璃碎片放到一种特定的液体中——通常为硅油，在电加热的显微镜样品台上，硅油的折射率会随着温度的变化而发生改变。同一媒介对波长不同的光线具有不同的折射率，因此，在显微镜上增加一个分光附件，就可以对样品进行观测。当技术人员无法在显微镜下看到玻璃碎片时，就意味着玻璃的折射率与当时硅油的折射率是一致的。在三种不同的温度下对样品的折射率进行测定，然后使用哈特曼法处理数据。使用该方法能够确定出玻璃碎片在任意波长光线照射下的折射率。GRIMⅡ法则通过摄像机和成像技术对对比点进行探测，首先变换样品台的加热温度，然后通过滤光片选择特定波长的光线，最后通过计算机软件计算偏差小于0.000 07的折射率。这种方法虽然降低了操作误差，但是却很难获得色散数据，所谓的色散是指使用蓝光和红光进行测量时，折射率中差别。随着现代玻璃制备工艺的发展，玻璃制造商们生产了越来越多性能一致的玻璃产品；于是，通过散射性能区分玻璃的方法就失去了意义。然而，只要以前生产的那些陈旧玻璃依然存在，那么在法庭科学领域里，利用散射性能区分玻璃的方法就依然占据一定的位置。

　　在许多案件中，使用化学分析法对玻璃进行检测都能获得有意义的信息。玻璃中常见主要元素的差异不足以区分不同的玻璃样品，但是，那些微量元素的存在及含量却会大幅度提升样品的特异性。技术人员可以使用许多方法对玻璃中的无机元素进行探测，等离子体发射光谱是其中最为重要的一种方法。

　　在一个精彩的案例中，某人将其住所绝缘起来，他所使用的绝缘材料是在几个不同的经销商那里购买的矿毛绝缘纤维。这就意味着这些绝缘材料可能是不同的制造商在不同时期生产的。当一名犯罪分子从顶楼非法进入这所住宅时，这些绝缘材料的颗粒就黏附在他的外套上。在后来的侦审过程中，就是这种极富特征性的绝缘材料混合物,强有力地证明了犯罪嫌疑人曾经在被害人住宅顶楼出现过。

保险柜绝缘材料

美国境内的保险柜分为两种类型:防火保险柜和防盗保险柜。通常情况下,防火保险柜两层之间夹着厚度大于两英寸的绝缘材料;防盗保险柜则由金属制备而成,金属内部有时会封装水泥层,有时也会放置防火拱顶,或者将防盗保险柜放置在一个更大的防火保险柜里。由于防火保险柜里的绝缘材料多为渗透性的,质地相对较软,因而保险箱窃贼在作案过程中,其衣物、工具、工具箱、车辆等部位常会黏附这些绝缘材料。

对于保险柜所使用的绝缘材料,制造商的选择范围较广,如白云石和水泥的混合物、煤渣、石棉、混有软木的石膏以及掺杂硅藻土的碳酸钙等,甚至普通的泥浆或者水泥都有可能作为绝缘材料使用。

目前,在保险柜制造业占据优势地位的几家生产商所使用的绝缘材料通常会包含如下成分:硅酸盐水泥、蛭石以及硅藻土。如果技术人员在绝缘材料中同时检测出这三种成分,那么他就可以非常肯定地判断出这种绝缘材料是用在保险柜上的,因为其他产品中所使用的绝缘材料几乎没有这种成分搭配。

1936年之前生产的保险柜大多使用天然水泥作为绝缘材料。天然水泥是通过煅烧某种泥质灰岩而获得的。这种类似黏土的材料通常为页岩,可以通过低功率显微镜对其颜色、粒径等特征进行识别。

由于许多天然水泥是通过在窑炉里燃烧石灰岩和煤的混合物而获得的,因而这种绝缘材料通常会含有碳颗粒和煤渣。因为除了保险柜之外,其他产品都不会使用这种没有掺杂沙子的天然水泥,所以当法庭科学领域的显微镜技术人员看到这种材料时,哪怕仅仅是一小块,他都可以判断出这种绝缘材料来自比较古老的

被切割开的保险柜：地板上、保险柜上、家具上，到处可
见块状及粉末状的绝缘材料；当保险柜被切割开时，身处现场
的任何人的衣物上也都必然会有这些绝缘材料。

保险柜。

现在生产的轻型保险柜通常会使用渗透性好的泥质灰岩及蛭石的混合物。一家大型保险柜生产商选择石膏和锯屑的混合物作为绝缘材料，另一家公司作出的选择是单一的石膏。

法庭科学领域的显微镜技术人员可以凭借经验和存储的数据，由绝缘材料的种类推断出保险柜的类型。由于不同保险柜所使用的绝缘材料具有一定的差异，因而从犯罪现场或犯罪嫌疑人衣物上找到的保险柜绝缘材料就极富证据价值。

硅藻土，又称为纤毛虫土。它之所以具有较高的证据价值，是因为不同堆积物中所含的硅藻类物质是不同的。硅藻能够吸收水中的游离硅而形成其骨骼，当其生命结束后会沉积下来，并在一定的地质条件下形成硅藻土矿床。硅藻属中含有超过10万种的硅藻，包括现代硅藻及隐藏在化石中、已经绝迹的硅藻，同时也包括淡水里的硅藻及海水里的硅藻。多数情况下，即便是只有头皮屑大小的一块硅藻土，我们也能通过显微镜观测到13种不同

第五章 人造地质材料与商业性地质材料

的硅藻。在一起保险柜盗窃案中，勘查人员从裂开的保险柜上提取了用做绝缘材料的硅藻土，通过检测确认出其中的13种成分，并根据这份证据将犯罪嫌疑人绳之以法。然而，从1980年开始，绝大多数的制造商都不再采用硅藻土作为保险柜里的绝缘材料。

石棉，作为一种神奇的矿物，具有出色的防火性能，并被广泛用做保险柜的绝缘材料。实际上，石棉是能劈分成细长而柔韧的纤维，并可资利用的纤维状硅酸盐矿物的统称。它可以分为蛇纹石石棉（温石棉）和闪石石棉两类，两种类型很容易区分。不同的制造商、不同的生产年代以及所选用的不同的原材料，这些因素都会造成保险箱绝缘材料组成的差异。随后，人们逐渐发现使用石棉会对健康造成潜在威胁，因此，新型保险柜里使用石棉的情况就不多见了。

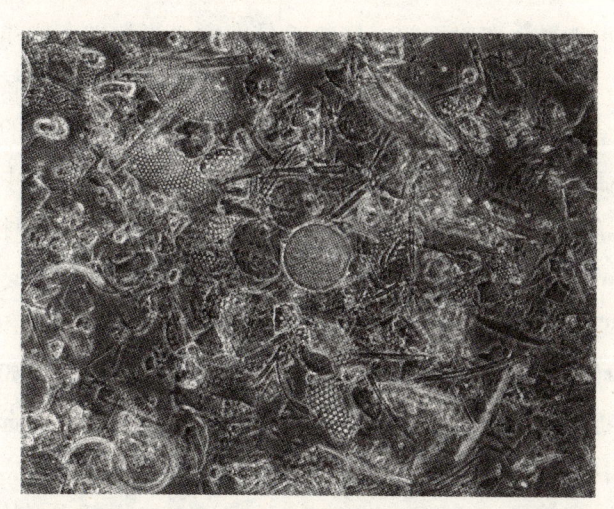

放大 2 000 倍的硅藻土——图片由威斯康星大学的 Mike Clayton 提供

在很多案件中，我们都可以从被破坏的保险柜里提取样品，然后使用标准方法进行对比分析。在马里兰南部的一个小镇上，曾经发生过这样一起典型案件。两个保险柜被盗后，分别在一家电影院和附近的一家餐馆被人撬坏。犯罪分子在那家餐馆作案之后，警方迅速锁定了两名犯罪嫌疑人。然而，其中一人将所有罪行承担下来，并声明另一人是完全无辜的。尽管犯罪嫌疑人进行了无理抵赖，但是警方随后从那名声称无罪的犯罪嫌疑人的裤角上，找到了水泥型保险柜所使用的绝缘材料，其成分与在餐馆里被撬压的保险柜所使用的绝缘材料是一致的；此外，他们还从该犯罪嫌疑人所驾驶的汽车上找到一些保险柜绝缘材料，其成分与在电影院里被撬压的保险柜所使用的绝缘材料是一致的。最终，这两份有力的证据将犯罪嫌疑人牢牢锁定。

建筑材料

在很多情况下，砖块、混凝土砌块、石膏、水泥、陶瓷、屋顶层矿物颗粒以及其他种类的建筑材料，都可能成为查明案情的重要证据。在某人通过暴力途径闯入房屋的时候，建筑材料的碎片就有可能黏附在他们的衣物或工具上面；当驾驶车辆撞击某个房屋时，在汽车的翼子板等缝隙部位也会嵌入这些建筑材料的碎屑。许多勘验人员在进行枪弹检验时，都会对子弹表面的矿物成分进行研究，这可以帮助他们判断子弹在发射运行过程中是否在各种建筑物表面发生弹跳。在某个特定的时间，为了某种特定的建筑目的，不同种类的矿物被混合在建筑材料中使用，这往往会显著提高建筑材料的可识别性。其中，建筑材料里岩石和矿物成分的区域差异对于建筑材料的识别具有较大的作用。正如前面章节中所提及的那样，美国境内不同地方的制造商常常会选择不同的原始材料用于制造混凝土砌块。勘验人员甚至能够在检测混凝土砌块的过程中，从美国南部制造的产品中找到贝壳，从美国东部制造的产品中找到炉子里的煤渣，从美国西北部制造的产品中找到天然的火山玻璃。这些物质都极具代表性，有利于增大混凝土砌块之间的区别。

混凝土可以作为一种重要的证据使用。由于在制造混凝土的过程中，水或聚合物的添加量以及其他因素都可能影响到产品的表面纹理、矿物组成、颗粒种类以及大小，并导致不同批次产品

第五章 人造地质材料与商业性地质材料

之间存在差异，因而没有任何两批混凝土产品是完全一致的。甚至按照同样的方法使用同种的材料，都不可能复制出同样的混凝土产品。这样，通过仔细检查，勘验人员能够从混凝土中找到许多有价值的信息。他们可以通过两种混凝土样品之间性质方面的微弱差异，肯定地作出"二者来源不同"的判断。更为重要的是，如果两种混凝土样品的组成之间具有一些重要的共性，但又不完全相同，那么这两份样品可能不一定来自相邻的区域。

第一次世界大战期间，在一个非常有趣的案件中，法庭地质问题与外交问题不期而遇了。当时，英国与荷兰陷入到一场争辩之中，英方有理由怀疑荷兰违背中立国原则，允许德国通过荷兰的航运路线运输军用物资及混凝土骨料。实际上，在1917年9月至11月期间，大约有30万至40万吨的沙子和砾石经荷兰境内的航运渠道最终被运送到比利时。当时，这些货物均标明是非军事用途的。于是，英方从联军占领的德国碉堡中搜集到混凝土骨料，并聘请当时任法军司令部地质学家及首席工程师的金上校（W. B. R. King），对混凝土骨料的来源进行检测。金上校总共针对39份混凝土骨料进行了检测，它们均来自维米岭战役和伊普尔战役发生地。在勘验过程中，他发现这些混凝土骨料中根本没有比利时地区分布的特征岩石；其中32份样品包含来自比利时境外的岩石。其中一些样品甚至还找到了具有德国地方特征的岩石——尼德门地哥（Niedermendig）地区的火山岩和碱玄岩。在13份样品中找到了来自比利时境外莱因河地区的小鹅卵石——三叠纪岩石。之后，英方将这份检测结果通过非官方途径递交给荷兰政府。由于认识到那段非常时期荷兰的艰难处境，英方没有对荷兰政府施加更多的压力；然而，德方的拙劣谎言却不攻自破了。

最近，在爱达荷州东部的一个城市里发生了一起非法进入国家机关办公场所的案件。案件审理涉及对砖块、石膏等物证的检验和使用。作案人员首先将办公场所的部分墙体破坏，将砖块和石膏挖出；然后进入办公场所，使用硝化甘油对里面的保险箱实施了爆破，并将保险箱子里价值几百美元的物品盗走。案发后，警方在案发现场周围的一个旅馆房间里，找到一些砖块及石膏的碎屑，其成分与案发现场遗留的砖块及石膏碎屑是一致的；因此，警方有理由怀疑该房间之前的住客就是这起案件的作案人。当这伙犯罪分子转移到另一座城市并准备再次作案时，警方将其一并捉拿归案。

熟石膏（$CaSO_4 \cdot H_2O$）是指生石膏（$2CaSO_4 \cdot H_2O$）经过略高于100摄氏度（212华氏度）的加热方式，将大部分结晶水去除之后的产物。熟石膏加水后可以形成新的晶型，并从起初的粉末状转变为岩石状，这些产品常用于墙板、保险绝缘材料以及其他建筑用途。对石膏或水泥进行检测时，岩石及矿物颗粒的鉴别是其中重要的一项内容。当这些材料用于法庭地质学检测并将作为证据使用时，则需要使用密封性良好的容器盛装，并防止被再次加热，因为这些样品很有可能因为失水而转化成熟石膏或以低水含量的形式存在，从而影响鉴定结论的准确性和可靠性，甚至是在制备石膏薄片的过程中，一点点微弱的加热都有可能导致证据遭受破坏。

在纵火案中，现场勘查人员通常会尝试从燃烧区域里寻找那些未燃尽的燃料，因为犯罪分子就是使用这些燃料来促进燃烧的。如果某一名犯罪嫌疑人能够与相同的燃料产生某种联系，那么这些残余的燃料就有可能作为证据使用。日本就曾经出现这样一名纵火犯，他使用一把菲利普式螺丝刀（即十字螺丝刀）在一间灰泥房的外墙上打了一个小洞，然后将燃料灌入这个小洞里，并使用火柴将其点燃。警方经过侦查，从犯罪嫌疑人经营的商店中找到了这把螺丝刀，并对螺丝刀表面的附着物进行了检测，最终找到水稻碎屑、生石膏颗粒以及其他一些灰泥矿物成分，这些成分同案件里附着在被焚烧房屋外表面的灰泥是一致的。这份证据在最终的审判过程中起到了重要的指控作用。

荷兰政府所颁布的一些规章制度在无意之中促进了法庭科学的发展。1999年，为了鼓励循环使用建筑材料，荷兰政府制定了营建材料法令。这部法令对建筑材料的使用做了明确的规定，包

第五章 人造地质材料与商业性地质材料

纵火犯在灰泥墙上打洞时所使用的菲利普式螺丝刀。他将燃料灌入洞中并将其点燃。螺丝刀上的建筑材料作为证据在庭审中出示。图片中的比例尺为厘米刻度。——图片由日本国家警察科学研究所的 Yoshiteru Marumo 提供。

括沙子、砾石以及石灰岩等新建筑材料；也包括可以循环使用的旧建筑材料，例如某个工业环节或爆破拆迁过程中所获得的建筑材料。由于新旧建筑材料之间的实质差异很小，因而为了促进法令的实施，荷兰法庭科学研究所（Netherlands Forensic Institute）对建筑材料的性质进行了深入细致的研究，从而建立了鉴别建筑材料的方法。这些研究成果同样适用于对犯罪证据的鉴别。

清洁品及化妆品中的粉末

通常情况下，清洁品及化妆品都使用矿物作为底料或填充料。不同产品所使用的矿物种类不尽相同，生产商也在一次次的生产过程中不断地改变矿物颗粒的大小以及组成。因此，在比较检验过程中，检验人员常常要对这些矿物成分进行研究。在一起案件里，一名男子殴打了一名年轻女子，并用脚猛踢她的脸部。警方从犯罪嫌疑人的鞋尖部位找到一些附着的粉末，然后把它与被害人面部所使用的化妆粉进行了对比，并得到同一认定的鉴定结论。值得一提的是，他们通过 X 射线衍射技术确定了化妆粉中所使用的二氧化钛为锐钛矿型。虽然通过化学分析也能确定出二氧化钛成分，但是却没有办法确定它的晶型。这种能够判断二氧化钛矿物晶型的深层次鉴定结论为司法办案提供了更为有力的证据。

爽身粉通常是以软质云母为基础制备的。不同品牌的爽身粉所使用的颗粒大小有所不同，而且某些产品中的颗粒要更为圆滑一些。此外，伴随云母共同出现的其他微量矿物成分也可能存在差异。不同的生产商常常选用不同的矿物来获得他们所需的云母产品，这为检测除了云母之外的微量矿物成分提供了可能性。而且，生产商们不断改变配方的做法也在无形中扩大了产品之间的差异。例如，从 1972 年至今，爽身粉中玉米淀粉的使用量就在不断提高。

研磨材料

生活中常见的研磨材料主要分为天然的和人造的两大类。刚玉砂（又称为天然金刚砂）堪称天然研磨材料中的一个典型代表，它是刚玉矿与磁铁矿、赤铁矿或铁尖晶石等杂质之间的混合矿物；而人造研磨材料中的两个典型代表分别为金刚砂（主要成分为碳化硅）和人造刚玉（主要成分为氧化铝）。此外，在一些研磨材料中还能找到天然红宝石、石榴石以及不同晶型的石英。虽然天然研磨材料的种类更为丰富，但是它与人造研磨材料一道，都能在司法实践当中作为证据使用。在一些涉及恶意破坏活动的案件中，总能遇到关于研磨材料的鉴定。那些犯罪分子经常将研磨材料故意放到机器里，使它在运转过程中遭受破坏。有时候，犯罪分子还使用表面有研磨材料的磨轮，磨去盗抢车辆上的发动机号；或者使用磨轮打开保险柜。在上述过程中，都会在现场遗留一些粗砂颗粒，这为寻找、确定犯罪嫌疑人提供了一定的线索和依据。

第五章　人造地质材料与商业性地质材料

市售砂石及土壤

　　市场上,种类繁多的砂石被用于不同的商业目的。从采砂场中直接获得的普通石英砂可以用做混凝土中的骨料;此外,通过筛选特定直径的颗粒或矿物,或者将普通石英砂同其他材料进行混合,还能获得许多特种砂,并用在玻璃制造、油井修建、沙模铸造等相关领域。

　　在加拿大多伦多发生的一起案件中,就是在砂子这种证据的帮助下,司法人员最终找到了案件的真凶。警方从涉案犯罪嫌疑人的鞋子上发现了大量来自橄榄石矿的颗粒。然而,多伦多地区并没有天然的橄榄石矿,只有当地的三家铸造厂曾经进口过此类矿物,并将其用于沙模铸造。其中一家铸造厂就是案发现场的所在地,在犯罪分子出入的那扇窗户外面就散落着一些橄榄石矿颗粒。犯罪嫌疑人声称自己从未去过任何一家铸造厂,但是从他鞋子上找到的颗粒却与案发现场窗外散落的颗粒很相似。矿物学对比分析结果表明,这两份样品的成分是高度一致的,因此该犯罪嫌疑人很可能就是作案的真凶。

　　小麦盆栽土壤是一种常见的商品,这种混合物产品的配方较多,配方里经常包含火山灰、膨胀蛭石等矿物成分以及一些植物材料,甚至还有可能包含塑料。在一起强奸案中,地质证据展现出惊人的力度和优势。案发时,被害人与犯罪分子发生搏斗,在厮打过程中,被害人客厅里的三个花盆被碰倒在地板上。案发后,警方从犯罪嫌疑人的鞋底收集到土壤,并将它同案发现场那三个花盆里的土壤分别进行对比分析,结果表明从犯罪嫌疑人鞋底找到的土壤与其中一个花盆里的土壤成分是高度一致的,而与另外两个花盆中的土壤成分不同。也许您会怀疑都是盆栽土壤,真的会存在如此大的差异吗?答案是肯定的。因为这种商品在生产过程中并不需要严格的质量控制,所以会产生较大的差异,甚至同一批产品之间都会存在差异。这样,案件中得出的高度一致的认定结论就格外具有证明价值。该案中还出现了另一份具有重要价值的证据，在对比检验的两份样品中都出现了蓝色线头，而且从颜色、粗细以及其他特征的角度看，二者是一致的。将上述两项证据联合起来看，略有常识的人都能判断出该犯罪嫌疑人所穿的鞋子曾经出现在花盆被打翻的这间客厅。

第六章

证据收集

如果您阅读过侦探小说或者观看过破案节目，您就应该清楚下述程序：当一起案件发生之后，首先会有人报警，并通知法庭科学技术人员；之后不久，一辆厢式货车就会到达现场，车里装满了各种现场勘查设备，以及数位表情严肃的证据收集人员。在美国的现实生活中，负责到案发现场寻找并收集证据的是侦查员，也可能是经过专业训练并被专门指派来收集证据的人，这些人通常在执法机关或者法庭科学实验室等专门负责处理证据的机构工作。除此之外，在全国范围内，FBI还拥有一支训练有素的现场勘查队伍，当类似"俄克拉何马市爆炸案"这种备受瞩目的重大案件发生时，这支队伍能够作出迅速反应。

将土壤应用在法庭科学检验领域中时，多数情况下会涉及两种类型的样品。第一种类型的样品为嫌疑样品，就是与犯罪或事故直接相关的样品。嫌疑样品有很多种存在形式，例如在高速公路事故现场找到的土块、衣服或鞋上黏附的泥浆、保险柜绝缘材料、头发上的灰尘、溺水死亡者肺部里出现的淡水生物、用做凶器的玻璃以及机器里出现的研磨材料等。第二种类型的样品为对比样品，就是调查人员或者法庭地质学家可以根据需要选择的、用于同嫌疑样品对比分析的样品。对比样品也有很多种存在形式，例如从嫌疑车辆的翼子板或车架上提取的泥浆、从犯罪现场找到的泥浆、从被害人保险柜上提取的绝缘材料、从怀疑为被害人溺水死亡地区提取的含有微生物及植物的水样、从武器来源嫌疑地区收集的岩石或玻璃以及各种类型的研磨材料等。此外，对比样品还有可能包括博物馆里收藏的岩石以及通过其他途径获得的可以用做对比分析的样品。

嫌疑样品

　　嫌疑样品往往是在无意之中留下来的，而非精心选取的。例如，一个强奸犯很有可能在他的裤角上留下源自犯罪现场的泥浆样品，那么这份样品肯定是在无意之中黏附上去的，因为罪犯不可能故意选择最具代表性、最能证明他的犯罪行为的泥浆颗粒来指控自己。那么，那些粒径稍大一点的泥浆很有可能不会出现在嫌疑样品里。在这种情况下，由于用做对比的样品中全面含有各种粒径的颗粒，因而嫌疑样品与它不可能完全相同，该现象是正常的。在上述情况下，我们应该从对比样品中选择大小相似的颗粒用于同嫌疑样品进行对比分析。例如，在一起非法侵入的案件中，勘查人员很可能从罪犯破门而入的作案工具上以及他们的衣物上收集到来自瓦砾、石雕、砖块或者岩石的颗粒，而这些颗粒可能是普遍存在的，因此并不具备真正的代表性。勘查人员应该将主要精力用于收集那些松动易碎、最有可能发生物质转移的颗粒。这些颗粒往往是从一个大块整体上脱落下来的，所以对比分析工作应该是针对原物体上发生脱落的局部特征进行的，而非全部。对于一名合格的专业勘验人员而言，他应该具备一种职业判断能力，针对哪些是有价值的局部特征、哪些是可以排除在对比范围之外的特征进行判断，并建立最佳的对比方法。而经验、学识相对欠缺的勘验人员往往做不到这一点，他们在动手之前缺少判断，只是针对对比样品的整体盲目地进行分析。

　　对于那些具备潜在证明能力的嫌疑样品而言，第二方面值得注意的问题在于法庭地质学家身上。当勘查人员从鞋子、衣物、汽车以及海运包装箱等部位提取地质材料的时候，他们应该注意将样品保存完整。尤其当被提取的地质材料是多层物质结块之后的混合体时，例如从汽车翼子板上提取的先后黏附在上面的泥浆，这一点显得尤为重要。对于包含新旧多层结构的颗粒而言，可以使用地层学的检测对其进行分析。除了针对每层结构所含有的成

第六章 证据收集

分进行分析判断之外，不同层之间的先后排列顺序也是颇有价值、值得研究的。在现场搜索之后，检验人员首先将一张洁净的纸平铺在桌面，轻轻抖动黏附地质材料的衣物，使上面附着的颗粒脱落到纸张上，然后仔细收集脱落到纸张上的颗粒。有时，他们使用类似抹刀的工具促使颗粒从衣物上脱落下来；有时，他们还会使用装着洁净收集袋的吸尘器来收集嫌疑样品。然而，吸尘器产生的吸力容易将结块的颗粒打碎，从而破坏颗粒的物理结构。1951年，苏黎世警察局的马克思·福瑞·萨尔泽尔（Max Frei-Sulzer）就因为使用苏格兰胶带收集并保存小颗粒样品而遭人质疑。尽管这种方法有很多优点，但是胶带上的物质常常会干扰分析结果，而且有时很难从胶带上将黏附的颗粒取下来。

此外，法庭地质学家还应该全面了解样品的来源以及收集过程。在近期发生的一起持枪抢劫案件中，嫌疑人戴了一个滑雪面罩。法庭科学实验室进行检验之后，将从面罩上提取的土壤样品及案发现场的土壤样品送给地质学家进行对比分析。检验结果表明，从许多角度而言，两份样品的成分均一致，只是从面罩上提取的土壤样品中含有大量的玻璃珠。究竟是哪个环节导致这份土壤样品接触到玻璃珠？检验人员需要对其作出合理的解释。于是他们花费了数个小时用于研究样品保管链条中的每一个环节，并发现确实存在两个环节容易导致土壤样品接触到玻璃珠，一个是投影屏，一个是高速公路上的路标（注：玻璃珠有利于增强光线的反射作用）。对玻璃珠的深入检测结果却将上述两种可能均排除在外。实际上，罪犯所戴的滑雪面罩上原本有一条反射带，位于额头部位，为了增强反射效果，制造商在反射带中添加了玻璃珠，就是这些玻璃珠混合到滑雪面罩表面附着的土壤样品里，并被前期的检验人员收集到。如果后期进行地质学检验的人员能够了解前述过程，那么他就会对嫌疑样品与对比样品之间的差异进行合理的解释，而无须枉费那么多精力。

对比样品

在法庭地质学检测中，对比样品包含两种类型，即从犯罪现场或涉案地点收集到的样品以及地质学家收集的、原本用于专业研究的样品。从犯罪现场收集的样品至少可以通过以下两种方法获得。通常情况下，调查人员或者现场勘查人员在案件调查过程中对地质学样品进行采集，并将其同其他物证一并送给法庭科学实验室检测。在这种情况下，证据采集人员有责任根据法庭科学实验室确定或出版的工作手册，确定恰当的样品采集方法。通常这些工作手册很容易获得。

从车辆上提取地质材料的时候，我们需要对四个翼子板上附着的所有土块进行全面、完整的收集。在交通事故案件中，如果需要收集同嫌疑样品进行对比的对比样品，勘查人员应该选取车辆的几处不同部位，对车体上的油脂以及混合在油脂中的矿物、岩石等物质一并收集。所有的样品都应注明提取部位。当犯罪现场里出现深入地层的垂直空间，例如采石场或者墓穴，那么勘查人员应该针对垂直方向的每一层面的样品，以及每一层面中水平分布的不同颜色、不同组织结构或者不同矿物成分的样品进行综合采集。如果收集到的样品中包含玻璃、建筑材料或者合成材料，那么样品应该具备足够的纯度、满足分析需求的含量而且具有代表性。当现场中出现两片甚至更多片的玻璃碎片时，应该分别对其进行采集。

在许多情况下，勘查人员只是简单地收集那些出现在犯罪现场或涉案场所中出现的土壤颗粒，作为对比样品使用。基于前面讲述的土壤组成方面的知识，我们应该清楚一点，即便是近距离内的两份土壤样品之间也可能产生显著的差异。换句话说，就连几英寸范围内的两份样品，其成分一致的可能性都是很小的。那么，找到与嫌疑样品成分一致的对比样品，其难度可想而知。因此，对于法庭地质学检验人员而言，他们最好先对嫌疑样品进行检测，至少从颗粒的颜色、粒径等方面圈定一个范围，然后在既

第六章 证据收集

定范围内寻找对比样品。在实验室里，那些本应成为优越证据的样品往往由于不恰当的样品处理方式而夭折，因为这些不恰当的处理方式会导致微量样品遭受污染。如果收集的 100 份对比样品都无法与嫌疑样品对比一致，无法产生证据价值，那么，这只会增加他人的疑惑并导致对检验人员的信任程度下降。因此，如果与嫌疑样品成分一致的样品真实存在的话，那么对比样品采集的重点方向应该是这些成分一致的样品。

在肇事逃逸现场收集证据

附着在犯罪嫌疑人车辆尾管上的土壤

让我们这样举例说明一下：假如需要确定一个问题，即某嫌疑人今天是否去过某家理发店理发。我们已知两个前提条件：一是理发师自今天开门之后，没有清扫过地板；二是嫌疑人的头发是红色的。那么，如果我们只是从理发店的地板上随机收集100根头发，里面可能有红头发，也可能没有。如果我们收集到一根红头发，那么它可能是嫌疑人的，也可能不是。但是，同随机收集相比而言，通过选择地板上头发的颜色，我们能够提高对比成功的可能性。当我们得到对比一致的结果时，之前提出的问题就得到解答了，即该嫌疑人今天确实理过发；当我们对所有的红头发进行了对比，而且无法得出对比一致的结果时，这就证明该嫌疑人今天没有到这家理发店理发。

或者我们再换个例子进行说明：假如我们手里有一只带蓝色斑点的袜子，并且想从装袜子的抽屉中找到另一只配对的袜子。当我们从抽屉当中随机抽出十只袜子时，我们也许能够找到那只配对的袜子，也许找不到，尽管它就在抽屉里。但是当我们只选择带蓝色斑点的袜子进行筛查而且那只配对的袜子确实在抽屉里时，找到它的可能性就会显著提高。

博物馆里的或其通过其他途径收藏的矿物、化石，是法庭地质学家在从业过程中常见的样品来源，它们也可以作为对比样品，帮助检验人员鉴别嫌疑样品以及成分类似的材料分布的地点。从地球表面的地质图可以看到许多种类岩石的分布情况，这对于确定某种成分材料的来源颇具意义。在一起故意破坏艺术品的案件中，有人通过投掷岩石导致部分人群受伤，现场留下的岩石是一种罕见的、带有棱角的火成岩，它只分布在美国南部一块狭小的区域里。通过研究地质分布，检验人员发现在距离犯罪现场20公里的地方，有一块火成岩露出地面的岩层，它是该岩石分布区域中距离犯罪现场最近的一块地方。因此，罪犯所用的这些岩石并非在案发现场就地取材，而是从他处运过来的。进一步的调查结果将侦查方向指向了一名犯罪嫌疑人，他曾经驾驶一辆小货车运输这种火成岩。

第六章 证据收集

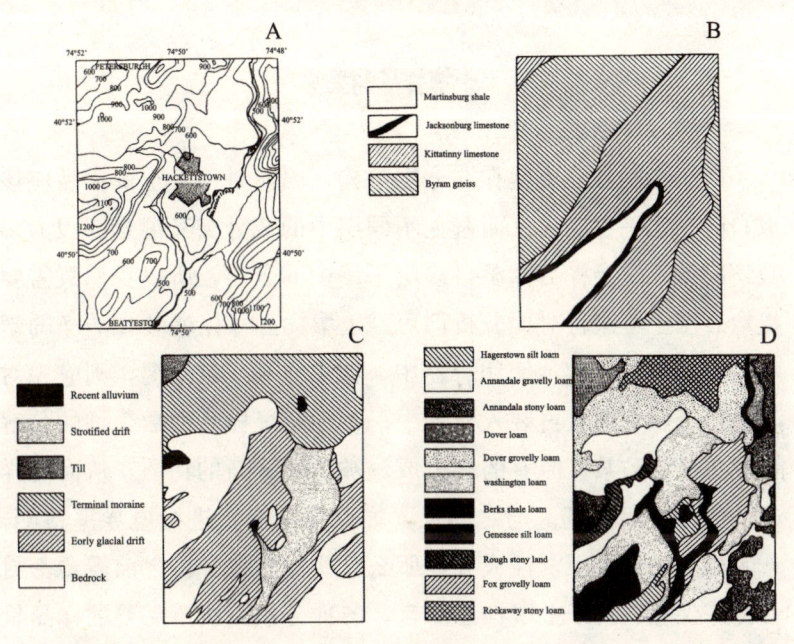

地质构造图：**A.** 地形图；**B.** 基岩地质图；**C.** 地表地质图；**D.** 土壤分布图

  表明陆地海拔信息的地形图对于法庭科学鉴定也是颇有帮助的。例如在这样一起案件中，有人向酒精饮料委员会举报称，在一条铁路周围的两座小镇之间有一家非法酿酒厂。举报者还称这家非法酿酒厂那儿有一口井，井里的水面大约在低于地面 20 英尺的位置。普通人也许很难针对井里水位高低这条信息加以利用；但是对于一名职业钻井人而言，这的确是一条容易解读的证据。通过观察该地区的地形图，可以看到这片地区是由一些沼泽地带以及砂石地带组成的。调查者认为地表水位，即井里的水位，不会比沼泽地带的潜水位高出太多；而该地区只有一处这样的地方，其水位比周围水面高出二十多英尺。这处地方属于一座教堂。进一步的侦查结果表明，举报人提及的酿酒厂就隐藏在教堂的地下室里。最终，警方对涉案的犯罪嫌疑人成功地进行了起诉，并一举摧毁了这家非法酿酒厂。

土壤样品的采集

由于自然界的土壤存在分层结构，因而每一份土壤样品应该取自同一水平方向，从而避免不同层中的成分交叉混合。因为多数情况下，嫌疑样品都源自多层土壤中的表层，所以我们只需要提取表层土壤进行对比分析即可。土壤样品可以盛装在洁净的塑料箱、塑料瓶或其他密闭容器中。如果样品比较潮湿，则应先对其进行干燥处理，再装入容器中；否则潮湿样品中微生物的分解作用将会导致某些原有的有机成分被分解成新的物质，从而使样品的成分发生改变。与之相反，如果样品需要进行电导率检测，或者样品中含有挥发性成分，那么这些样品在分析之前需要密封并冷冻保存。对于土壤样品而言，各种分析方法所需要的样品量是不同的，大多数分析方法都需要大约一杯量的土壤。然而，像测量土壤颗粒粒径的机械分析法，检测人员所需的样品量可能更大。如果样品中含有大量的沙砾或者其他粗糙的成分，那么检测人员需要根据实际情况提高样品量。但是，如果实际情况中无法提供如此充足的样品量，那么可以尝试对相对较少的样品进行分析。

干燥的处理手段只会改变土壤的性质，而不会影响其他方面。在干燥过程中，土壤中受到影响的主要性质有：

- 如果土壤样品中含有盐类，那么在干燥过程中，盐类物质因失水而浓度升高，进而在土壤表面结晶。
- 在干燥过程中，某些矿物会发生氧化反应或者其他化学变化，从而改变自身颜色。那些来自沼泽或湿地的含硫泥浆尤为如此。
- 在干燥后的土壤样品中，硝酸盐的含量会相对提高。
- 在干燥过程中，土壤样品中微生物的数量及活动会发生显著改变。
- 干燥过程会使土壤样品更为光泽。

第六章 证据收集

对于那些从沼泽或湿地等潮湿地区提取的土壤样品，最好使用塑料或玻璃质地的容器将其密封盛装，并冷冻保存。这种做法将在一定程度上阻止细菌分解及土壤成分的氧化反应，从而减少土壤性质的改变。

对于水样，同样需要使用塑料或玻璃容器对其进行密封盛装，并置于冰箱中冷冻保存，因为低温环境将会延迟生物的生长过程，并阻止一些重要变化的发生。如果需要对地质样品或土壤样品进行花粉检测，检验人员则应该采取细致的保护措施，以保证这份土壤样品不会受到空气中其他花粉成分的污染。这类样品也应该使用塑料质地的包装材料保存。在对土壤样品中的痕量金属成分进行检测时，挖土所用的工具、盛装样品所用的金属容器以及收集或保存样品时所用的金属滤网，都有可能对土壤样品产生污染。因此，最好使用塑料或玻璃质地的容器对土壤样品进行保存，并且在收集提取过程中使用不锈钢质地的工具和滤网。

在对地质证据进行采集时，需要注意两条重要的原则。第一条原则是，如果要让收集的样品日后成为法庭认可的证据，那么一定要使用合法的手段对其进行收集。也就是说，通常情况下，应该在获得一定允许或授权的情况下收集证据；抑或地质证据的收集是与逮捕等授权活动连带发生的。法庭地质学家钟爱收集岩石样品，众人皆知他们常常为了收集一块非比寻常的岩石而翻越栅栏，这种职业精神值得敬畏。然而，当我们在法庭上针对证据进行讨论时，无论出于什么样的理由，"合法的收集手段"这一原则都是不可逾越的。第二条重要的原则是指对于每一份地质证据，都应该有详细的保管记录。也就是说，每当地质证据从一个人的手中转移至另一个人的手中时，都应明确记录；并且对地质证据进行保管的人能够在其责任期间真正行使保管的职责。

在检验过程中，地质学者不仅仅是被动地针对送检样品进行检测；当他们发现新的线索或重要问题时，他们可能会主动出击，去验证自己的合理推测与怀疑。在一片冰水沉积地区曾经发生一起暴力强奸案，警方从犯罪嫌疑人的裤角里找到大量的沙子。之后，在被害人的指认下，警方找到了案发现场，并对现场的沙子进行了收集。对比检验结果表明，从犯罪嫌疑人身上找到的沙子与从案发现场提取的沙子成分一致。检验人员之所以得出这个结论，是基于"两份样品中都包含十种特殊种类的岩石"这一事实。此外，他们没有找到哪种岩石只是其中一份样品所特有的。在这十种特殊种类的岩石中，有一种叫做无烟煤。了解地质学的人都应该清楚，无烟煤不会天然存在于那个地区及其北部地区，因此它不可能是冰水沉积地区土壤中的天然成分。即便如此，被检样品中无烟煤的含量却是相当可观的，超过土壤中总颗粒的5%。针对这一特殊信息，相关人员开展了深入的调查，并了解到这样一个事实：60年前，位于案发地点的洗衣店需要烧煤。很显然，被检样品中的无烟煤是由于之前堆积的煤堆而残留的。这条意料之外的信息进一步提高了鉴定结论的可信度，即犯罪嫌疑人裤角里的泥浆源自犯罪现场。

第七章

检测方法

法庭地质学家需要依赖多种分析仪器、分析方法以及分析过程，从而实现对矿物、岩石、土壤以及相关地质材料的研究。他们通过使用上述仪器和方法收集数据，从而将嫌疑样品与对比样品进行比较分析，并作出二者是否一致的判断。在法庭地质学分析中，各种各样的分析仪器及分析方法具有不同的价值和作用。由于法庭地质学的研究对象（即土壤等地质材料）具有较大的差异性，因而检验人员需要针对具体的案件进行具体分析，以便选择出最适宜的分析仪器及方法。此外，被检测样品中经常含有"附加物"，例如纤维、毛发以及涂料等，检验人员同样需要对上述"附加物"进行收集，并将它们转交给各类专业人员进行检测。如果两份被检样品中同时出现了稀有或罕见的矿物颗粒，那么它将对"两份样品具有同样的性质或者同一来源"的结论提供进一步佐证。

显微镜检验对于法庭地质学的鉴定工作至关重要，因为它堪称是从样品中发现有价值异物的最佳途径。尽管法庭地质学家无法使用传统的统计数据，确切地表示出两份样品对比一致的概率究竟为多少，但是他们仍然可以通过自己的经验和学识给出确凿可靠的证据。这种证据的确凿可靠性源自某些特定的矿物、岩石以及颗粒的稀有性及相关性质。如果一名法庭地质学检验人员从未见过的成分出现在被检样品里，它将进一步提升鉴定结论的确凿可靠性。

颜 色

矿物或土壤的颜色是它们最重要的鉴别性质之一。20世纪70年代，英国内政部鉴证科学服务处（Forensic Science Service，

FSS）对矿物或土壤的颜色检验法进行了专门研究。正是他们的研究工作促使颜色检验成为系统检验方法中重要的第一步。最近，位于东京的日本国家警察科学研究所（National Research Institute of Police Science）也认识到这种分析方法的重要性。

许多矿物都是由各种颜色的颗粒组成的混合物，其中包括灰色、黄色、棕色、红色、黑色、绿色、亮紫色等。实际上，矿物的颜色可以覆盖整个可见光谱区域。而在复杂的组分中，原生矿将会直接影响矿物的颜色。有些矿物是通过河流沉积、风沙沉积等作用在某个地方短时间停留而形成的。对于它们而言，原生矿对颜色的影响更为显著。如果我们沿着河道观察水中每一颗沙砾的颜色，通常情况下它们是各自不同的。然而，在长期侵蚀、风化的作用下，土壤中某些成分将会发生一定程度的过滤、积聚或者其他运动。这样，土壤颗粒将会发生褪色，矿物或有机物将会在其表面形成包覆或者在土壤内部进行填充，这些变化都将导致土壤的外表发生变化。那些较大的矿物颗粒尤其容易形成表面包覆。在多数情况下，包覆在土壤颗粒表面的矿物有铁、铝、有机物以及黏土。这些包覆物的色彩本身就会揭示出某份样品的历史。

土壤的红色源自其中铁元素的含量，同时它也受到铁元素在氧化物中所处价态的影响。较高价态的铁将会加深土壤的红色。包覆在土壤颗粒表面的物质有赤铁矿、褐铁矿、针铁矿、纤铁矿以及其他种类的铁矿。土壤的黑色往往源自含锰化合物，或者锰元素与铁元素比例不同的化合物。土壤的绿色往往不是由包覆在颗粒表面的矿物产生的，而是由混合物中心部位的矿物发出的。例如，某些铜矿、绿泥石或者海绿石就常常是绿色的。通常情况下，土壤中深蓝色至紫色波段的颜色是由蓝铁矿（铁的磷酸盐）产生的。除了矿物产生的颜色外，土壤中所含有的有机物也会发出颜色。土壤表面的有机物往往是黑色的。土壤中的腐殖质同矿物成分混合在一起会产生不同种类的深色调。例如，当土壤中的铁与腐殖酸结合在一起时，会产生深红棕色至黑色的颜色。

为了得到统一的规范性描述，学者们会选用某种标准对地质

第七章 检测方法

材料或土壤进行颜色检验。美国的法庭地质学家通常使用芒赛尔颜色系统对颜色进行测量，该系统通过色调、明度和色度三个因素对色彩进行描述。色调是可以区分两种颜色的特性，即颜色的种类；明度是可以区分亮色与暗色的特性，即颜色的明暗；色度是从灰度中辨别色调纯度的特性。如果说某份土壤或岩石样品的颜色为 7.5YR5/2（brown），那么 7.5YR 表示色调，第二个 5 表示明度，2 表示色度。土壤中的潮湿组分可能会影响其颜色。如果某份土壤样品干燥的时候为黄色的，那么潮湿后可能会表现为黄棕色。如果向某份干燥土壤样品中添加潮湿的成分，那么它往往会提高土壤表面的亮度。因此，在对土壤样品进行颜色检测时，需要同时记录样品的湿度情况。此外，照射光的波长及强度也会影响土壤的颜色。在自然光、荧光灯及白炽灯的照射下，样品可能会呈现出不同的颜色。

如果说土壤是不同粒径、不同种类物质的混合体，那么它也是不同颜色矿物的混合体。我们可以将土壤中的颗粒按照粒径大小分为以下五种：粗砂、中粒砂、细砂、泥沙以及黏土。其中，细砂往往为红色至红棕色的；粗砂则表现为灰色至浅黄色，而且表面常有斑点，这是由于粗砂颗粒中包含灰色至浅黄色的石英及长石，此外还含有黑色的钛铁矿、磁铁矿等重金属矿物。那些近期生成的（尤其是近冰川时期）沙砾，常常表现为原始矿物的外表并且为多种颜色的组合体。那些来自老景区的沙砾组分，其外表通常包覆有黏土以及含铁矿物的斑点，因此其外表差异不大。含有有机物的沙砾往往呈现为深灰色。鉴于上述原因，检验人员需要首先记录未经任何处理的土壤样品的颜色，然后移除有机成分，从而揭示沙砾的真实颜色和外表。

通常情况下，法庭地质学家会将样品置于 100℃ 条件下进行干燥，然后在自然光照射的条件下对样品进行观测。如果条件允许，在朝北的窗口下观察样品则最为理想。用于对比的两份样品应该具有相同的粒径分布，通过筛子筛选可以控制粒径的范围，其颜色也为检验鉴定提供了重要的信息。对于收集到的两份甚至更多的样品，检验人员可以直接对其进行观察；然后使用芒赛尔色卡与样品进行细致对比，最终得出能够对样品色彩进行准确描述的芒赛尔色彩号。

使用仪器分析方法对色彩进行分析能够获得更多的定量信息。这种分析手段能够获得比肉眼观测更为精准的检测结果。英国的派伊协会（Pye Associates of Grant Bratain）使用美能达 CM-2002 型分光光度计对法

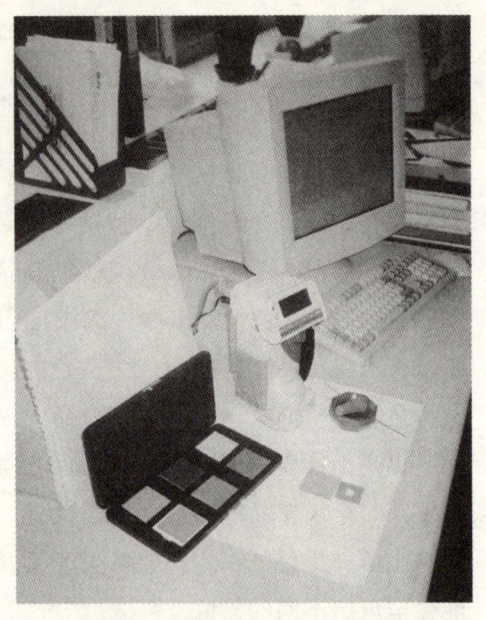

Minolta CM-2002 型分光光度计和 CE-RAM II 型标准（图片由肯尼思派协会提供）

庭地质学样品进行了检测，并获得快速、准确、重现性好的检测结果。这台设备能够在 400nm～700nm 的可见光范围内进行检测。

粒度分布

对于一份法庭地质学样品，其粒径分布情况很可能成为重要的证据。检验人员可以根据不同的目的对样品中颗粒的粒度分布进行考察。有时，他们找出类似的样品进行对比分析。对比样品中很可能出现一些嫌疑样品中所没有的大颗粒或小颗粒。在这种情况下，检验人员会将这些特殊的颗粒从样品中移除。有时，为了对样品进行矿物学检测或色彩检测，法庭地质学家会将样品破坏，并获得粒度分布相同的二级样品。有时，粒度分布情况本身就可能成为对比分析中的一项重要内容。在法庭上进行证据展示时，一份关于颗粒粒度分布的图表有可能具有证据价值。例如，在利用研磨剂破坏机器的案件里，我们就可以根据研磨剂的粒度

第七章 检测方法

分布对其进行鉴别，但是这种做法的前提是这台机器不会改变颗粒的粒径。

根据粒径大小对法庭地质学样品进行分离的基本方法有以下几种：

● 使用滤网，按照粒径从大到小的顺序，对样品进行筛滤；

● 将样品放入一种液体中，根据颗粒的沉淀比例，判断其粒度；

● 使用仪器从更为精确的角度对样品的粒径进行测量，并记录每种粒径的颗粒数量。

将法庭地质学样品根据粒径进行分离之后，其数据可以通过图表的形式进行记录和展示。

在法庭地质学家使用机械粒度分析方法确定样品中颗粒的粒度分布情况之前，由于土壤颗粒有可能会粘连在一起形成聚合物，因而他们需要将土壤中的胶结料取出，从而实现对土壤的分散处理。这些胶结料通常包含碳酸盐及有机物等成分，而且表面还覆盖有铁的氧化物。此外，某些情况下，不同的颗粒之间还有可能通过物理吸附或化学键合的方式聚集在一起。

如果颗粒之间的胶结是由于碳酸盐的存在而导致的，我们可以使用稀盐酸将其去除。随后，可以使用过氧化氢去除胶结料中的有机组分。对样品进行对比分析时，所有样品必须使用同样的方法进行预处理；而且在采取预处理步骤之前，需要确定预处理步骤不会破坏样品中的重要信息。例如在某些情况下，我们应在确认某颗粒可以被独立看待之后再将胶结剂从其表面去除。通常，液相筛分法（通常为水相）是最为常用的粒度分布测试法。因为小颗粒很容易聚集在一起，而且黏土也容易黏附到大颗粒的表面，所以对于整体干燥的样品，仅仅使用滤筛对其进行筛选往往无法获得令人满意的效果。在这种情况下，则需要向水相中添加一些分散剂。

随后，我们可以使用许多种方法去确定分散悬浮液中颗粒的粒度分布。比重计法可以确定样品中沙子、淤泥及黏土的百分含

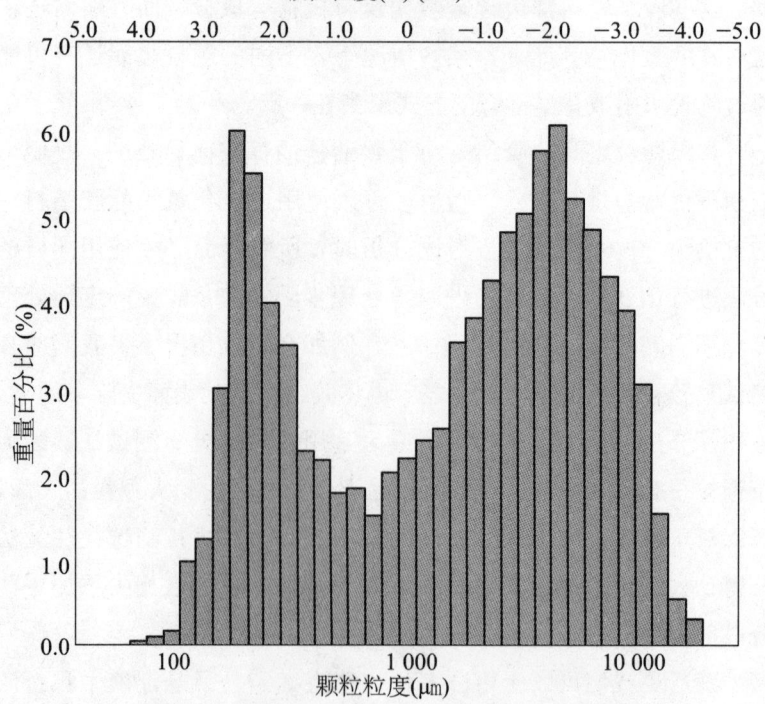

振动筛及其标准输出结果（图片由肯尼思派协会提供）

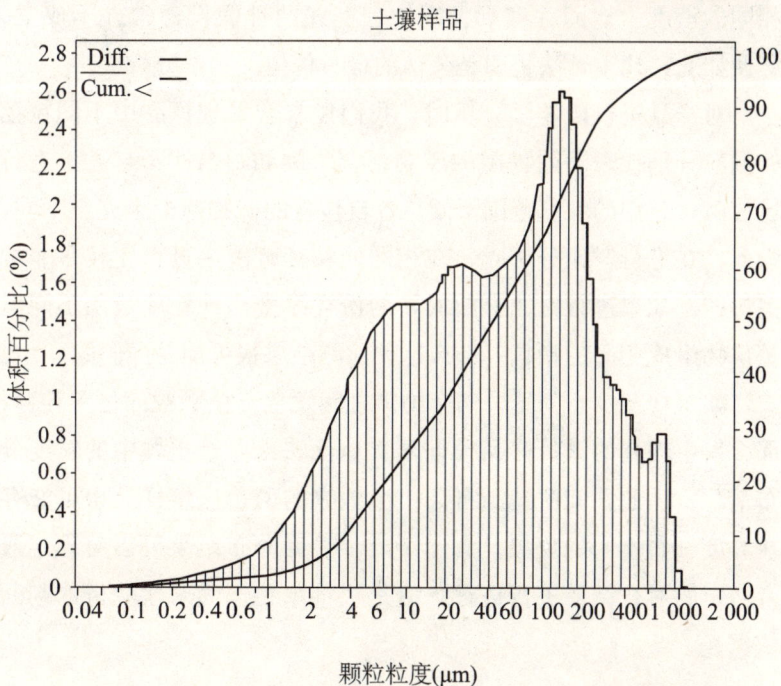

第七章 检测方法

土壤样品

LS230 激光粒度仪及其标准输出结果（图片由肯尼思派协会提供）

量。由于在固体颗粒下沉的过程中，悬浮液的密度会随之逐渐下降，因而基于上述原理，可以使用液体比重计对颗粒的粒度分布进行测定。尽管这种方法的检测速度快，而且比较准确，但是它也存在不尽如人意的地方，例如当检测人员想进一步检验颗粒的粒度范围时，这种方法却无法实现对不同粒度的颗粒进行物理分离的结果。

在各种分离土壤样品的方法中，吸液管法是最为准确而且令人满意的一种方法。使用这种方法时，首先需要像比重计法那样对样品进行预处理，然后将土壤样品分散到水中，最后计算不同粒度的颗粒发生沉积所需要的时间。这种方法的原理在于颗粒在水相中的沉积速率与矿物的粒径及密度相关，那些粒径大、密度大的颗粒具有较高的沉积速率。尽管许多人认为比重计法的精确度最高，但事实并非如此。因为这种方法需要基于以下两个假设：一是所有的颗粒具有相同的形状；二是土壤中所有的颗粒均具有相同的密度。然而在实际情况中，上述两种假设通常并不成立。即便如此，比重计法仍旧是公认的最具价值的力学分析法。

对样品进行矿物学分析时，我们经常会发现样品中不同粒径的颗粒分别代表不同种类的矿物组合。例如，当沙子与黏土进行比较时，它们的粒度范围不同，各自包含的矿物组分也完全不同。因此，在进行对比分析时，在相同的粒径范围内进行比较是非常关键的。如果进行对比分析时，两份样品中出现粒度范围不同但是矿物组成相同的颗粒，那么这种检测结果很可能是虚假的。

如果在某个空间里，两个物体之间发生土壤颗粒的位置转移，那么发生转移的微量样品很难真实地反映出原始土壤中的粒度分布情况。因此，即便是源自同一个地方的两份土壤样品也可能存在粒度分布不同的现象。有鉴于此，粒度分布结果可以对肯定或者否定的对比结果进行佐证，但是很难单独作为对比分析的判断依据。

第七章　检测方法

双目体视显微镜

对于法庭地质学家而言，双目体视显微镜的作用至关重要。它是地质样品系统分析法中，继颜色分析之后的又一逻辑环节，检验人员可以从中找到证据信息。

光学显微镜通常分为两种类型：透射光型及反射光型。在透射光显微镜中，光源往往被置于透明的样品台的下方。用于研究生物组织的生物显微镜就属于这种类型。在反射光显微镜中，光源往往被置于样品的上方，以便于操作人员对样品的表面特征进行观察。这种显微镜本质上相当于一个固定的高能量放大镜。大多数显微镜都有两组镜头，这样操作者就可以对样品台上的样品进行三维立体观察。如果要计算显微镜的放大倍数，则需要将目镜与物镜的放大倍数相乘。目镜的放大倍数通常为 10 倍；物镜的放大倍数则因显微镜的不同而存在差异，但是很少有超过 10 倍的。因此，体视显微镜的最大放大倍数约为 100 倍。它可能具有一组单独的、放大倍数固定的物镜，也可能是配有变焦物镜，即放大倍数从 1 倍至 5 倍连续变化。多数情况下，双目体视显微镜检测都是在 10 倍至 40 倍放大范围内进行的。有些显微镜同时具有两个光源，从而可以实现透射光及反射光两种观察模式；如果样品台下面的透射光源发出的是偏振光，那么它既可以用做体视反射光观测，也可以用于低能透射式偏振光观测研究。

使用双目体视显微镜，检验人员可以对直径在 $10\mu m$ 左右的物体进行观测。在能够清晰观察样品表面状态的前提下，显微镜的样品台所能容纳的最大样品将决定其观测范围的上限。通常情况下，我们将颜色鲜艳的矿物样品置于黑色漆面的载物盘上，将颜色较深的矿物样品置于白色漆面的载物盘上。显微镜上还可以装入不同的插件，从而对颗粒的尺寸进行测量，或者提供可用于计算颗粒数量的栅格。有的载物盘上会自带蚀刻的栅格，同样可以实现上述测量或计算目的。

显微镜实验室中的双目体视显微镜和偏振光显微镜（左侧）（图片由肯尼思派协会提供）

在检验土壤等材料的过程中，法庭地质学家首先会对样品进行整体检查，看一看颗粒的类型，并将对这些材料的初步认识记录下来。地质学样品中的非矿物组分具有显著的证据价值，例如金属、毛发、纤维、涂料以及塑料等。如果样品中出现上述组分，则应将其挑选出来并送给专业人员进行进一步分析。如前所述，植物颗粒也可能具有重要的证据价值。法庭科学领域比较关注对于样品中草、种子以及叶子等植物材料的种类鉴别；植物材料数量信息的重要性则相对较差。

下面这个案例将很好地证明非矿物材料（尤其是植物）在法庭科学中的重要性。一家银行遭到抢劫，犯罪分子将逃离现场所用的交通工具抛弃之后，跑到临近一片野地的乡村树林里，搭乘事先藏匿在那里的汽车逃跑了。他们坦白交待了第二辆汽车的情况，但是却继续隐瞒第一辆汽车的藏匿地点。警方从第二辆汽车上发现了大量的泥浆，这一现象说明该车曾经驶离公路并穿越土壤潮湿的地方。双目体视显微镜检测结果表明，这些土壤样品中存在棕色牛毛、黑色牛毛以及巴洛米骝马毛。此外，土壤中的种子、叶子以及其他植被颗粒也从一定程度上帮助调查人员重新构建了汽车所黏附泥浆地区的植物情况。对样品中矿物组分的检测结果表明，这些土壤是由风化的石灰岩组成的；这说明该地区地面下一定有石灰岩。法庭地质学家给出的意见如下：这些石灰岩

第七章 检测方法

的种类比较特殊,只有在当地一块面积为几平方公里的特定区域内才有。在掌握了上述信息之后,调查人员重新回到那片有这种特定石灰岩的地区,寻找那些同时存在特定植被及特定动物的田地,并最终找到了它。失踪的汽车就藏在那块田地边上的一片树林里。根据相继找到的两辆嫌疑车辆,司法人员重新构建了犯罪现场并使犯罪嫌疑人得到应有的制裁。

另一起案件也清晰地证明了植物材料在法庭科学中的价值所在。1960年,在澳大利亚悉尼市郊,一位八岁的小男孩被人绑架并谋杀了。案发前不久,死者的父母刚刚抽奖中彩。六周之后,一群在树林里玩耍的男孩发现了死者的尸体。检验人员使用双目体视显微镜对死者的衣物进行检验,并从中发现了许多证据,其中包括一些同沙砾混合的粉红色颗粒。由于这些沙砾能够与盐酸发生反应,因而可以推断它们是方解石;而粉红色的颗粒则为当地房屋建筑(尤其是那些地基较高的民宅)所使用的灰泥。当植物学家对从尸体上找到的植物材料进行分析时,他们发现了大量的植物碎片,而且这些植物碎片均源自两种类型的柏树,即绒柏和蓝冰柏。其中,前者是一种常见的观赏型植物;而后者则比较罕见。在尸体被找到的犯罪现场,调查人员既没有找到类似的植物,也没有找到类似的泥灰颗粒。因此,他们推断出被害人曾经被带到一栋使用了粉红色灰泥的房子里,而且那里至少有两种不同类型的柏树。于是调查人员花费了几周的时间去寻找那两种类型的柏树。虽然起初他们找到几栋使用了粉红色灰泥的房屋,但却没有在那里发现柏树;最终,他们找到一间有三种不同类型柏树的房子。通过进一步调查,警方了解到这栋房子现在的住户是最近才搬进来的;之前的住户已于案发当日搬出了这栋房子,因此他具有重大犯罪嫌疑。最终,警方找到了真凶并将其绳之以法。

使用双目体视显微镜对整个样品进行初步检验往往是很难的。因为大小不同的颗粒混合在一起容易干扰检验人员的观察,并增加鉴别的难度;而且样品中的有机物也增加了检验的难度,所以,若想对矿物或岩石进行准确的研究,一定要首先清洗样品。筛滤的方式会先将那些较大的颗粒或有机物筛除。如果用水小心地冲洗样品，那些较轻的有机物颗粒通常会漂浮起来，因而可以将它们取出并保存，用于后续研究。过氧化氢可以将那些较小的有机物去除掉。使用超声波清洗器容易使样品发生改变甚至遭到破坏。例如，在超声之前，样品中可能含有红色的页岩颗粒；超声之后，这些页岩颗粒很可能碎裂成成千上万的、像淤泥一样细致的石英颗粒以及黏土矿物。如果检验人员可以肯定样品中不同的岩石或矿物不会受到超声波清洗的影响，那么这种方法还是很有用的。

那些有经验的学者可以使用双目体视显微镜对一份洁净样品中的岩石和矿物进行识别，这些识别可能是基于肉眼观测的，也可能是基于一些简单的实验。使用双目体视显微镜，既可以对颗粒的纹理及表面覆盖物进行观察，又可以对颗粒的形状、饱满度、风化情况、内含物、颜色以及光泽等性质进行观察。此外，对于不同种类颗粒的统计结果是至关重要的。将种类的多少以数字的形式记录下来，这往往比留在头脑中的大致印象更具作用。然而，对于样品的初次检验是非常与众不同的，因为它将决定是否需要进一步的对比检验；如果答案是否定的，那么后续检验将没有任何意义。在确定是否需要进一步对比分析的时候，使用显微镜对颗粒种类进行的数字统计或百分率统计就显得至关重要。在计算颗粒种类时，一定要保证以下三点：

一是被检的样品能够代表样品整体；

二是鉴定应该在一致且精准的前提下进行；

三是不要因为样品的移动而将同一种颗粒重复统计。

为了避免重复统计的错误，学者们通常会将样品粘在黏性表面上；或者在每一次统计后，将被统计的颗粒从样品中移除，并放入一个容器中或粘在一个单独的黏性样品盘上。然而，无论学者们使用哪种方法，他们的判断以及小心谨慎才是防止问题出现最为重要的因素。

尽管通过双目体视显微镜的检验可以获得与矿物相关的许多

第七章 检测方法

信息，但是对岩石薄片的进一步研究也是很有必要的。在一起"调包"案中，装满金条的木箱被空运至英格兰。货物抵达后，人们打开木箱，却发现除了卵石之外木箱里什么都没有。出于保险索赔的考虑，货物的主人、保险公司以及航空公司需要对"调包"行为发生地进行确认。检验结果表明，这些卵石是源自阿尔卑斯山脉的岩石，而且普遍出现在从阿尔卑斯山流向大海的几条河流中。因为空运货物的飞机曾经在意大利米兰停留过，所以法庭地质学家可以确定在货物航运抵达英格兰之前就有人在意大利米兰对货物实施了"调包"。

偏光显微镜

虽然偏光显微镜在细节上与常规的显微镜存在差异，但是它们的首要功能都是相同的，即对放在载物台上的物体进行放大成像。这种成像方法是通过两组透镜来实现的，即物镜和目镜。物镜位于显微镜镜筒下侧末端，其作用是为了产生清晰的图像；而目镜则是为了对上述图像进行放大而设置的。在进行矿物学研究时，检验人员通常使用三种物镜：低倍镜、中倍镜和高倍镜。通常它们产生的放大倍数分别为2倍、10倍和50倍。目镜的放大倍数则有所不同，通常为5倍、7倍、10倍、15倍及20倍。将物镜与目镜的放大倍数相乘就可以得到显微镜的总体放大倍数，例如：50倍×10倍＝500倍。

目镜里通常会有十字准线，它可以帮助检验人员在高倍镜下更换被观察物体时确定颗粒的位置。聚光透镜系统通常被置于载物台的下方，它可以帮助高倍成像或者对矿物产生的不同光学效应进行观测。偏光显微镜有一个旋转载物台，载物台的下方是偏振滤光片，它能使光线在南北方向或前后方向上产生振动。在载物台的上方，显微镜的镜筒里还有一片可以移动的偏振滤光片。它能使光线在东西方向或左右方向上振动。如果上下两片偏振滤光片同时存在，那么它将完全阻隔光线在镜筒中的传播，我们将这种情况称为正交偏光。只有当载物台上放置各向异性材料（指那些非各向同性的材料，例如具有等轴晶系或非晶态的材料）时，它才能被观察到。各向异性材料能够使从下方偏振滤光片中传递来的南北方向振动的光线发生旋转，并部分通过上方东西向振动的偏振滤光片。当载物台进行旋转时，各向异性晶体将会从东、西、南、北四个方向与偏振滤光片形成相同的振动；这种情况下，观察视野中将呈现一片漆黑，什么都看不到，我们称之为消光现象。

在使用偏光显微镜鉴别矿物颗粒的时候，油浸法是较为常见的一种方法。采用油浸法时，矿物碎屑被浸没在载玻片上折射率已知的浸油（市售）中。在 1.46～1.62 折射率范围内变化的浸油（变化间隔为 0.02）能够满足绝大多数情况下的检测需求。对显微镜中的样品进行观察时，颗粒周围通常会有一条狭窄的亮线，我们称之为贝克线。稍微扩大样品与物镜之间的距离（通常通过升高显微镜的镜筒来实现这一点），贝克线就会朝折射率高的方向移动。如果矿物颗粒的折射率比浸油的折射率高，那么贝克线就会向矿物颗粒发生移动；反之，贝克线则会向浸油移动。通过选择不同的浸油，我们最终能够找到那种无法观测到放入其中的矿物颗粒的浸油。在多数情况下，我们可以将被测矿物颗粒的折射率确定在两种不同浸油的折射率之间；经验丰富的检测人员能够对折射率进行进一步的估算。

对于等轴晶系的矿物，由于它是等方性的，即只有一种折射率，因而在正交偏光条件下，无论如何旋转载物台，观察视野里都是一片漆黑。取走载物台上方的偏振滤光片之后，检验人员才能看到矿物并测定它的折射率。如果确定样品为等轴晶系并了解它的折射率后，显微镜检验人员就能结合颜色、裂纹等情况对矿物进行综合判定。

与等轴晶系的矿物相比，其他晶系的矿物信息要更容易获得。六方晶系的矿物及四方晶系的矿物分别具有两个折射率。矿物的正负性也能通过偏光显微镜来确定。为了实现这个目的，学者们

第七章 检测方法

通常会在显微镜上插入一个附件,并判断两个样品中哪个折射率更高。根据样品的两个折射率、光性符号以及其他性质,可以对矿物进行综合判定。一些书籍(例如,McCrone and Delly,1973)曾经将有助于矿石鉴定的光学性能进行陈列。

在许多法庭科学分支领域里,偏光显微镜都称得上是一种重要的分析手段;对于法庭地质学而言,它则堪称是研究岩石及矿物光学性能的最佳途径。只要是接受过仪器培训的人,都能很容易地使用偏光显微镜对矿物颗粒、岩石薄片以及相关材料进行研究。制备岩石薄片的步骤如下:(1)使用金刚石锯片对岩石进行切割,这样切割下来的岩石就会具有一侧比较光滑的表面;(2)使用环氧树脂或加拿大树胶等折射率已知的黏合剂将岩石薄片黏附到载玻片上;(3)使用金刚石锯片在平行于载玻片的方向上对样品进行再次切割,并在载玻片上留下一层薄片;(4)对载玻片上的岩石进行碾磨,直至其厚度约为 $30\mu m$;(5)将盖玻片黏附在样品另一侧抛光的表面上,从而实现保护样品并提高观察效果的目的。在这种厚度条件下,大多数岩石都变为透明的,而且可以通过透射光模式进行观察。与之类似,大小相似的松软矿物也可以通过环氧树脂或加拿大树胶黏附在载玻片表面,并使用盖玻片覆盖,以备显微镜研究。通常情况下,使用多钨酸钠或其他含钨的、比重大的液体对矿物样品进行筛滤处理,可以将重矿物(如金红石、石榴石、锆石、电气石)与轻矿物(如石英或长石)进行分离。分离之后,我们就可以使用上述薄片法对其进行观测。

在一起众所周知的案件中,恰恰是偏光显微镜的研究结果最终成功地实现了对一名羊毛盗窃犯的有罪控诉。美国怀俄明州的一名犯罪嫌疑人拥有大量的羊毛,并声称这些羊毛来自距离该案犯罪现场很远的一群羊。犯罪现场到处都是一块块露出地面的岩石,其主要成分为风化的红页岩以及源自二叠纪红色岩层的砂石。使用偏光显微镜对从羊毛上采集到的尘土以及犯罪现场的尘土进行检验,结果表明二者成分一致,然而前者与犯罪嫌疑人谎称的

偏光显微镜下的玄武岩薄片

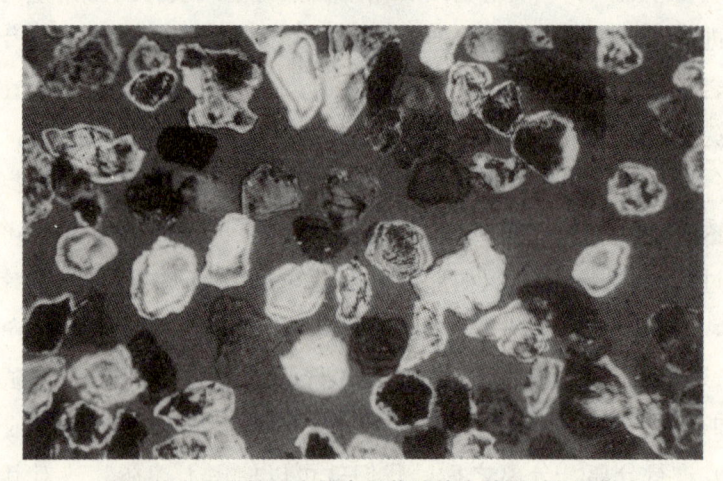

通过偏光显微镜观察的嵌于载玻片中的重矿物颗粒

羊毛来源地的尘土成分不同。

除了矿物及玻璃之外，使用偏光显微镜还能实现对其他种类材料的鉴别，包括淀粉粒、水泥、陶瓷材料、人工晶体以及研磨料等。在一起谋杀案中，人们在一间用于存放垃圾的小屋里发现了被害人的尸体。小屋的地板上到处都是被碾碎的土豆及土豆皮。随后，警方找到一名犯罪嫌疑人，他的鞋子上粘满了淀粉。由于所有曾经在案发现场那间小屋地板上走动过的人，其鞋上都会粘有源自土豆的淀粉，因而从犯罪嫌疑人身上找到的这条线索同案件的细节特征比较吻合。然而，偏光显微镜检测结果表明，犯罪现嫌疑人鞋上的淀粉是小麦淀粉，而非土豆淀粉；之所以会黏附这些小麦淀粉，是因为犯罪嫌疑人恰好在一家面包店工作，而面包店的地板上全是小麦淀粉。在这起案件中，事实证明对于检材的第一印象是错误的。

薄片法鉴别岩石

薄片研究法是一种行之有效的鉴别岩石以及对样品进行对比分析的方法。有这样一件相关案例，宾夕法尼亚州地质调查局也参与到该案的调查中。宾州中央运输公司工业发展部提交了两份岩石样品，用以解决下述问题：一些新的汽车产品通过铁路从底特律运往新泽西，途中有人向运行的车厢里投掷岩石，并导致这些新车辆的车窗碎裂、车体出现凹痕等损坏。那么，是否可以通过对从受损汽车里找到的岩石进行检验，判断出这些破坏行为的发生地，从而确定应该受理此案的侦查机关？很显然，警方不能对密歇根州与新泽西州之间的全程铁路沿线地区进行侦查。此外，这些新车是通过两条路线进行运输的，一条路线穿过纽约州，一条路线穿过宾夕法尼亚州。每条路线上都出现了种类难以计数的岩石，而且在同一条路线上的不同地点还可能出现同种岩石。宾夕法尼亚州地质调查局实验室对递交上来的两份样品进行了显微镜检验，二者均为纹理粗糙的片麻岩，而且其中还包含长石、石英、黑云母、绿泥石以及很可能为磷灰石的细长晶体。这些岩石及矿物表面的纹理为我们提供了一条重要的线索，即岩石样品应该来自变质地体。

根据上述情况，调查人员划定了两个嫌疑区域，分别为纽约州东南部和宾夕法尼亚州东部；因为纽约州的雷丁布昂地区和宾夕法尼亚州的皮德蒙特高原地区均有变质岩。虽然宾州中央铁路沿线均有与从受损车辆里找到的相同类型的岩石，但是那里的岩石通常含有少量的黑云母，而且几乎没有磷灰石。换句话说，含有上述两种矿物的岩石只在纽约州东南部的一个特定区域里常见。调查结果表明，在铁路沿线中发生岩石投掷破坏行为的最可能的地区是纽约城北部西点军校附近的地区。宾州的地质学者对北部路线开展了独立研究，并再次证明上述结论。随后，宾州中央铁路警察对西点军校地区进行了重点侦查，并找到了实施破坏行为的几名真凶，最终将其绳之以法。

重矿物

重矿物的比重一般大于 2.89。虽然在通常情况下，重矿物只占土壤样品中很小的一部分，但是它们对于材料的特征识别非常有帮助。鉴于上述原因，长久以来，地质学研究领域都使用重矿物来区分相似的岩石，或者确定风化后成为沉积岩颗粒的岩石种类。在使用重液对重矿物进行分离之前，我们首先需要将样品中的颗粒按照不同粒径范围进行筛分。虽然各种粒径范围的颗粒均能用于检测，但是粒径在 0.1 mm～0.5 mm 之间的颗粒是使用最为普遍。使用重液对重矿物组分进行富集之后，我们就可以将这些矿物转移到载玻片上，并覆盖折射率已知的固封剂，如 Lakeside 70 或加拿大树胶。随后，可以使用偏光显微镜对其进行检验。检验人员会对每一种矿物颗粒进行识别和统计，并在最终的报告中出示每一种矿物的百分含量。磁铁矿、钛铁矿等不透明矿物往往聚集在一起。进行表面抛光之后，使用金相组织学里常用的反射偏振光显微镜对金属的抛光表面进行检验，也能实现对这些重矿物的识别。

在一起发生在新英格兰的谋杀案中，重矿物的检测结果对案件起到了至关重要的证明作用。被害人的尸体是在沙滩上被发现的，而犯罪嫌疑人的鞋里恰好有许多沙子。据犯罪嫌疑人称，他鞋里的沙子是在路过附近一片沙滩时留下的，而且他否认曾经去过犯罪现场。警方提取了犯罪现场的沙子及附近那处沙滩上的沙

第七章 检测方法

子,并对其中的重矿物进行了检测,结果表明犯罪嫌疑人鞋里的沙子与从犯罪现场提取的沙子成分相似,而与周围其他沙滩上的沙子存在差异。在该案中,对于鉴定起到重要作用的重矿物组分是极为罕见的黑电气石,不同地区之间的黑电气石分布量存在显著的差异。

1968年1月,有人在澳大利亚巴克力高速公路附近发现了被害人Koklas的尸体,现场状况表明他是被人谋杀的。经过一番极为复杂的侦查,警方从珀斯逮捕了犯罪嫌疑人Da Costa。犯罪嫌疑人承认曾经与Koklas结伴从墨尔本旅行至芒特艾萨;但称由于他们在芒特艾萨发生过争执,因而他带着自己的东西提前离开了。警方从Da Costa带走的东西中找到了一条带有血斑的短裤,而且血斑上还黏附着沙子。虽然芒特艾萨位于案发现场东侧300公里的地方,但是警方还是怀疑嫌疑人短裤上的沙子是从尸体被发现的地方带过来的。专家们对从短裤及案发现场提取的沙子进行了重矿物检测。结果表明,除了一点污染导致的差异之外,二者的成分是一致的。于是,专家们增加了源自犯罪现场的样品量,并对其中重矿物的变异程度进行了进一步研究。尤其是着重使用电子探针测微仪对电气石颗粒进行了检测。对样品中重矿物的差异性以及电气石成分的研究结果表明,从犯罪现场周围提取的沙子与从犯罪现场提取的沙子成分非常接近,因此可以判断从犯罪嫌疑人短裤上提取的沙子极有可能来自犯罪现场,而非芒特艾萨或者其他地区。正是由于上述证据的存在,犯罪嫌疑人在下级法院庭审的时候,就承认自己曾经去过犯罪现场。

折射率

透明物质的折射率是指光在待测材料中的速度与在真空(折射率为1)中的速度之比。因此,如果说某种物质的折射率为2.455 3,那么光在这种物质中的传播速度为在真空中传播速度的2.455 3倍。之前探讨的用于矿物分析的贝克线法就是一种折射率测定法，它也是玻璃材料对比分析所采用的重要分析手段之一。一名能力卓越的学者可以使用贝克线法获得误差在±0.003的准确结果。然而，使用单参数法和双参数法可以在更省力的情况下获得更准确的分析结果。单参数法是将玻璃碎片放在滴在载玻片上的折射率已知的液体（折光率液）中。这种液体的折射率应该是随着温度发生变化的。显微镜的载物台上应该配有加热装置，能够对载玻片进行缓慢加热。液体受热之后，其折射率随之发生变化。当液体的折射率与待测玻璃的折射率相同时，检验人员将当时的温度记录下来。通过查阅温度与折射率的对准表，就可以根据温度找到液体的折射率乃至玻璃的折射率。与之相反，如果使用折射率精确已知的玻璃，也可以反向测量该液体在某一温度下的折射率。

折光率液是有色散的，即它的折射率因光线波长的不同而不同。因此，我们也可以通过改变光线的颜色来调整折光率液的折射率，使之与玻璃的折射率一致，从而最终判定玻璃的折射率。这种方法之所以可行，是因为同液体相比，玻璃等固体物质的色散几乎可以忽略不计。如果将改变温度与改变光的颜色两种方法相互结合，就可以得到双参数法。标准的折射率是在橙色光（波长为5 893Å）的照射下获得的，在20℃（68 ℉）条件下的钠光谱D线是报道最多的。使用上述方法，可以获得误差小于±0.001的准确度。此外，通过改变光线的颜色，也可以直接测量物质的色散，即在蓝光（波长为4 861Å）与红光（波长为6 563Å）照射下物质折射率的差异。在鉴别玻璃时，折射率与色散是最常用的两种性质。

近些年，玻璃鉴别面临新的问题。由于生产商逐步提升了质量控制，普通玻璃之间的折射率差异越来越小；而且即便是同一块玻璃，不同部位之间的折射率也存在微弱的差异，因而法庭科学领域逐渐使用相差显微镜来测量折射率。通过向显微镜中增加附件可以获得相差。在可以加热的载物台上增添梅特勒控温装置，我们可以最终获得误差小于0.000 04的折射率。因为许多液体每

第七章 检测方法

升温 1℃，其折射率会下降 0.000 4，而梅特勒控温装置能将温度变化控制在 0.1℃，所以上述精确的测量是完全有可能的。检验人员只需将在折射率匹配时载物台的温度记录下来即可。如果两份样品在相同的温度且相同波长的光线的照射下具有同样折射率的话，那么就可以得出对比一致的结论。同一片玻璃不同部位之间也存在折射率差异，可能为 0.000 1，这对于嫌疑样品与已知样品之间的对比分析具有重要意义。

通过重液可以测定玻璃碎片样品的相对比重。将两份玻璃碎片样品放入装有重液（如三溴甲烷）的试管中，然后使用密度较小的液体（如乙醇）对其进行稀释。如果玻璃碎片的密度大于混合液体的密度，它就会下沉。如果玻璃碎片出现下沉，则应向试管中加入重液，直至玻璃碎片既不下沉也不上浮，能够在混合液体中悬浮为止。如果两份玻璃碎片样品能够同时发生悬浮，那么二者具有相同的比重。如果其中一份发生缓慢的上浮或者下沉，那么二者具有不同但是相似的比重，而且这种比重之间的差值在单片玻璃产生的比重误差（0.000 3g/cm^3）范围内。使用该方法时，应当保证两种液体混合充分而且温度恒定不变。虽然该方法无法测量样品的真实比重，但是并不影响对于两份玻璃样品之间

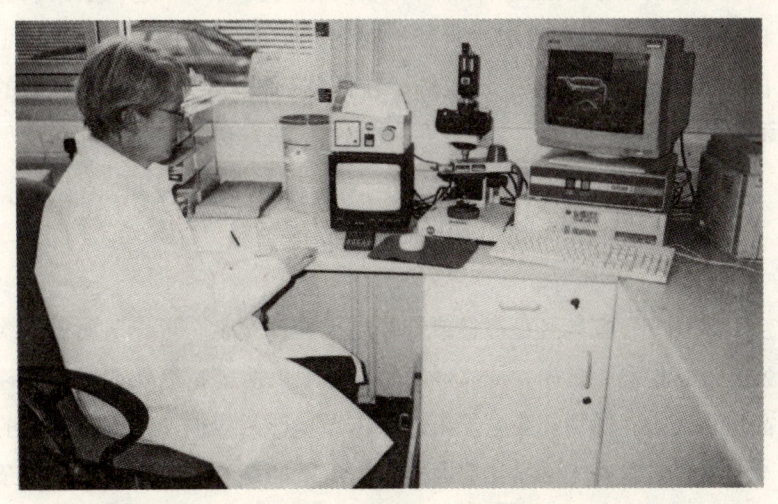

利用热阶段和显微镜确定折射率的 GRIM 系统（图片由北爱尔兰法庭科学实验室提供）

的对比分析。许多实验室使用比重计来直接测量样品的比重。比重计能够给出具体数值，并允许对不同的样品进行分次测量。

此外，玻璃在白光及紫外光照射下的颜色、化学成分以及厚度也是进行玻璃对比分析时要重点考察的性质。值得注意的是，玻璃的厚度永远无法完全一致，尤其是手工吹制的玻璃。在有些情况下，通过直接将玻璃碎片样品进行拼接、对比断裂面上的特征，也能得出比较可靠的认定结论并将其作为同一认定的证据使用。

在一起盗窃案中，玻璃碎片证据帮助警方找到了两名犯罪嫌疑人。凌晨四点钟，从位于斯坦福大学门口马路上的体育用品店里传来报警声。警方闻讯赶到，并看到两名年轻男子正要驾驶一辆老爷车逃离现场。经过追赶，警方最终抓获了这两名男子。对其驾驶的车辆进行检验之后，警方在汽车前缓冲器和前翼子板上都找到了玻璃碎片。犯罪嫌疑人解释说，这些玻璃碎片是在他们停车的时候，因为有人倒车撞到他们而留下的。警方回到案发现场，并发现犯罪分子是通过开车撞击商店的后门而强行进入的。店门的里外留下许多玻璃碎片。警方对黏附在嫌疑车辆缓冲器上的玻璃碎片以及被盗体育用品店后门处的玻璃碎片进行采集，并将这些样品送到实验室，对其折射率、密度、颜色及厚度进行了检验，结果表明二者是一致的。在证据面前，两名男子对自己的罪行供认不讳。

阴极射线发光法

将荧光仪安装到显微镜或扫描电子显微镜上，可以对阴极射线发光进行检测。首先，从仪器发出的电子束对矿物颗粒或薄片等样品进行轰击；随后，在电子束的轰击下，样品表面产生不同颜色的光学发光。这些光学发光会因样品中痕量的杂质、矿物种类以及杂质嵌入矿物结构中具体位置的不同而不同。在使用其他方法进行对比分析且无法找出差异的情况下，这种方法被广泛使用。

第七章 检测方法

扫描电子显微镜

扫描电子显微镜（SEM）的放大倍数变化范围较大，一般为 25 倍至 65 万倍，并且能观测到小至 1.5nm 的颗粒。毫无疑问，多数法庭地质学家都能在上述观测范围内顺利地开展检测工作。第一台商品化的扫描电子显微镜于 20 世纪 60 年代中期问世。随后，它被迅速应用于法庭科学领域，尤其是用于分析射击残留物以及其他种类的小颗粒样品。虽然这种方法的优点之一是能够直接对样品表面进行观察，但是，在样品表面喷涂碳或金能进一步提高图像的质量。使用扫描电子显微镜成像时可以得到较大的景深，因此多数图像具有出色的立体三维效果。检测人员可以通过改变放大倍数，从而对样品表面实行低倍至高倍的观察。有了扫描电子显微镜之后，我们可以在日常检测中对之前无法观测到的小化石颗粒之间的差异点进行观测。它能展示出样品表面的刮痕、凹陷以及石英等矿物在颗粒表面的生长情况。这些特征对于追溯样品颗粒的历史非常有用。扫描电子显微镜甚至能对其他矿物（例如填充在刮痕里面的黏土）进行观测，这种特征成为矿物样品对比分析中潜在的有力特征。

南亚拉巴马大学的 Wayne Isphording 曾经为许多民事案件提供过地质证据，而且他在解决问题中展现出的创造性也是众人皆知的。他曾经使用扫描电子显微镜为一起案件提供了至关重要的证据。1980 年 11 月 7 日，在南亚拉巴马州云雾缭绕的沼泽地区，一名摩托车手开车进入一个转弯处。据该车手称，后来他头盔上的护目镜突然扣上了，而且无法再抬起。于是，摩托车因失控而滑出去，并将驾驶员甩到迎面行驶过来的汽车道上。正是由于这起事故，医生最终将摩托车驾驶员的右腿切除了。被害人将地方摩托车经销商及国家摩托公司一并告上法庭，并宣称自己事先并不知道被四个刚性铆钉保护住的护目镜无法抬起来。尽管如此，仍有很多证据表明原告陈述的情况并非如此。地方摩托车经销商否认曾经出售过这种头盔；而且通过折射率、X射线衍射及荧光化学分析法对经销商出售的头盔上的护目镜及原告所佩戴的头盔上的护目镜进行检验，结果也再次表明二者是不一致的。此外，尽管原告声称他是在事发前一天夜里购买的护目镜，但是护目镜上的弯曲情况表明它已经被安装到头盔上数周之久了。最有趣的是，扫描电子显微镜的检测结果表明塑料护目镜的内侧有划痕，而且划痕的缝隙里还有非常小的正长石颗粒。然而，事故发生地位于上新世—更新世锡特罗内尔地层，那里根本没有长石。头盔里面的矿物肯定来自事故现场以外的地方而且至少距离事故现场150公里处。上述所有结论都证明了原告所使用的护目镜并非在事故发生的前夜，从被告那里购买的。鉴于上述证据，原告的律师撤销了对地方经销商的指控。

在法庭科学领域里，在使用具有高倍放大性能的扫描电子显微镜时，我们应该始终铭记这样一个问题，即在无限放大的情况下，没有任何两个物体是完全一致的。哪怕是两粒并排存在上百万年的沙砾，也有可能并不完全相同。虽然使用扫描电子显微镜进行观测将会有利于对不同样品之间相似性及不同点进行判断，但是，如果被技术不成熟或者操作不谨慎的人员滥用，这台仪器的功能很可能成为它的弊端。当我们使用最先进的方法，分别在上午和下午对某人进行完整的化学分析时，所得到的化学分析结果很可能是不一致的；但这并不代表被分析的是两个人。与之相似，土壤样品间的微弱差异也并不代表它们是不一致的。换一种说法，土壤样品之间很可能出现相似性，例如它们均有石英（土壤及沉积物中最常见的矿物）；然而，基于这种相似性作出的对比分析结论，其证据能力是较弱的。因此，在使用这些功能强大的仪器时，科学家们给出的专业判断就显得尤为重要。

扫描电子显微镜还能给出待检颗粒的元素组成。使用微电子束对目标物进行轰击时，样品会产生X射线。如果在扫描电子显微镜上配备X射线分析仪，就可以对X射线的能量及波长进行检测。由于某种元素所发出的X射线能量及波长是特定的，因而这

第七章 检测方法

些检测结果能够反映出被检物质中的元素组成。此外，样品发出的 X 射线强度与该元素的含量是相关的。因此，检验人员可以根据上述检测结果判断出某个颗粒中的化学组成。

扫描电子显微镜实验室（图片由麦克隆集团提供）

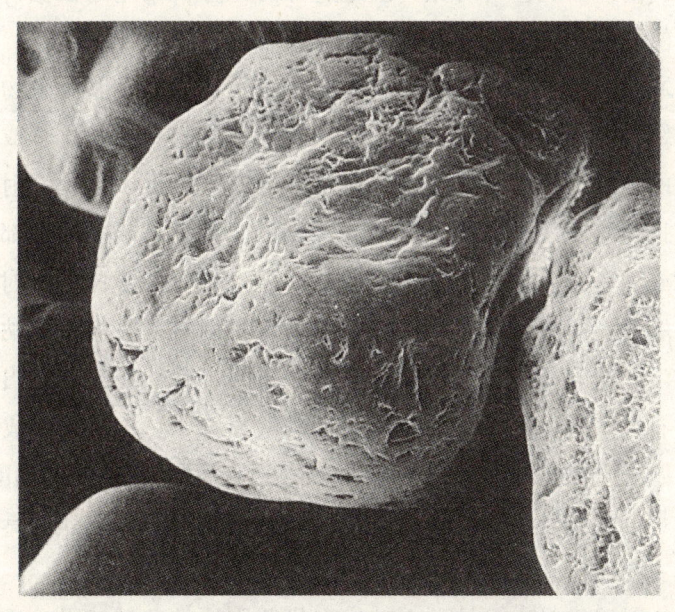

大约 300 倍放大倍数下用扫描电子显微镜观察到的石英砂颗粒

X射线衍射法

在进行晶体组成鉴别时，X射线衍射法是最为重要而且可靠的方法。该方法的研究重点在于检材内部原子、离子及分子的排列方式。当使用X射线照射晶体时，对衍射角进行记录就可以实现上述目的。每种晶体材料都有其独特的X射线衍射模式，而且这种衍射模式是由样品的内部结构决定的。我们可以使用胶片、信号板或电子检测器对样品的X射线衍射模式进行记录。

对于X射线衍射数据的解释方式至少有两种。首先，我们可以将测量获得的d值及强度与文献中公布的相关矿物的数据进行比较。其次，我们还可以直接将未知物X射线模式与已知矿物的X射线模式进行比较。在有些情况下，我们会将两份未知样品的X射线衍射情况进行对比，但是这种对比分析结论的证据价值要弱于能判断出真实成分的鉴定结论。

X射线衍射法的一个较强优势在于衍射模式能够反映物质的晶体结构。例如，使用化学法分析时，钻石与石墨的化学成分是一致的，因为二者均由纯净的碳元素组成；然而，通过X射线衍射模式却能反映出二者是有很大区别的。此外，很多样品都是由两种或两种以上的物质混合而成的，但是使用化学法分析时，常常不能确定组分的真实化合式。例如，我们常常会将氯化钠和硝酸钾两种盐混合使用。使用化学法分析时，我们能够确定出样品中含有钠离子、钾离子、氯离子和硝酸根离子。但是，组成样品的原始化合物是什么？是氯化钠和硝酸钾，还是氯化钾和硝酸钠，抑或是四种化合物的混合物？X射线分析结果将会把盐的具体化合形式揭示出来。

X射线衍射法也是黏土矿物现代鉴别法的基础工具。通常情况下，使用化学法分析黏土矿物往往无法解释样品的真实情况，但是X射线衍射法在解决上述问题时具有无限潜力。同其他晶体一样，我们也可以使用X射线对黏土样品进行照射，并依据标准

第七章　检测方法

参考书和卡片进行鉴别。

X射线衍射法是一种能够准确鉴别矿物及其他晶体的方法，但是，如果一份样品中包含几种不同的矿物，那么检测结果将会令人迷惑。X射线衍射法无法对少量的矿物样品进行检测，而且也无法确定样品中某种既定矿物组分的含量，因为定量检测结果会受到颗粒在样品架上的放置位置、样品的晶型以及它们固有性质的影响。在许多案件里，检测人员都只是简单地对整个土壤样品或者一片混凝土样品进行X射线照射，并将两种样品的衍射模式对比分析结果作为证据使用。但是通常情况下，对这种结果进行解释是很难的；而且与其他重要的方法不同，这种做法没有利用法庭地质学的基础价值，即利用各种各样的矿物之间的巨大差异点来提供证据。大多数情况下，使用X射线照射土壤样品时，都会获得相似或者完全一致的检测结果。因为构成上述样品的主要成分都是石英及长石。鉴于上述情况，将重矿物分离出或者使用其他方法对混合样品进行筛分，然后将得到的矿物碾成粉末，最后再根据样品的X射线衍射模式进行对比，这种做法显得尤为重要。目前，大量的研究工作都在致力于建立一种稳定的、能够判断大量样品中某种特定矿物含量的方法。如果这种方法能够建立起来而且重现性好的话，那么我们将拥有一种最有力的方法来实现对地质材料进行法庭科学检验。

此外，X射线衍射分析法还能用于鉴定含有无机晶体材料的炸药，例如硝酸钾和氯化钾。

化学法

许多仪器和方法都能对有机材料及无机材料的化学组成进行测量。它们能够提供有价值的信息。例如，玻璃的化学组成常常是对其光学性能和物理性能的有利补充。对土壤中化肥的鉴别将为性质对比分析增添一个新的维度。在一起盗窃马铃薯的案件里，使用化学分析法对土壤进行的检测起到了至关重要的作用。有人偷走了贮藏在美国西部一间贮藏库里的马铃薯。警方找到了一名犯罪嫌疑人,他有大量的马铃薯。对这些马铃薯进行分析的结果表明,附着在犯罪嫌疑人家马铃薯表面的土壤里含有一种过磷酸盐,这种成分与被盗马铃薯生长地区的土壤成分相似。警方还调查到另外一些情况支持上述证据:被盗马铃薯生长地区曾因施肥过重而导致磷酸盐在土壤中累积。最终,该犯罪嫌疑人被判有罪。

有些方法能够根据某种元素的选择性吸收和发射(元素的性质之一)来确定样品中元素的种类和含量。这种原理是原子吸收光谱法和原子发射光谱法的基础所在。中子活化分析法是一种非破坏性方法,它的检测灵敏度能够达到一克的十亿分之一(即1ng)。使用这种方法时,从核反应堆中发出的中子对样品产生轰击并导致样品发出伽马射线,对伽马射线进行检测就能鉴别出各种元素的种类和含量。毫无疑问,这种方法的运行成本和维护费用很高,并且会导致样品具有放射性。因为有机化合物中含碳,所以需要使用其他方法对有机物进行鉴别。

有几种技术能够对混合物中的不同组分进行分离。通常情况下,这些方法依赖的是特定条件下,各种样品组分在气相和液相中的相对分配量。组分在两相之间的相对分配量是它的特征性质。由于相对而言,气相运动速度较快,因而组分朝向气相运动的趋势很高。依据不同组分在特定时间内运动距离的不同,可以对样品进行分离和识别。通常我们把这些方法统称为色谱法。科学家们还使用分光光度计对组分的吸光性能进行测量从而进行鉴别。在恰当的条件下使用质谱法,还能实现对组分的唯一性识别。质谱内产生的高能电子束对样品进行轰击时,能够导致样品分子由于失去电子而带正电。在这种不稳定的状态下,分子会分裂为多个碎片。然后,仪器会将这些碎片转入一个电场或磁场中,并按照质量对其进行分离。这种原理将会实现对组分的精确识别,因为质量碎片分布是非常独特的性质。

第七章 检测方法

傅立叶红外光谱法和拉曼光谱法

对有机矿物和材料进行分析时,傅立叶红外光谱法和拉曼光谱法是常见的非破坏性分析方法。如果将它们同显微镜组合,则能够实现对样品中某个极小的颗粒或微区部分进行识别。对艺术品或宝石进行分析时,样品所有者不希望因为分析而使他的样品遭到破坏。此外,在有些刑事案件中,样品可能非常小,如果拿出一部分进行破坏性分析,很可能导致用于额外检验或确认的样品所剩无几。因此,分析方法的非破坏性是很重要的。在傅立叶红外光谱法和拉曼光谱法中,光源将会发射出一束特定波段的光线。样品会根据其化学性质对这束光线进行选择性吸收。未被吸收的光线将会透过样品,并被检测器接收。计算机软件会对数据进行收集,并将其同已知有机材料或无机材料的光谱进行对比。英国布拉德福大学的教授 Howell G. M. Edwards 曾经报道过一起案例,案中涉及一个精致的猫像雕刻品。长久以来,人们一直认为它是具有约三百年历史的象牙雕刻品。然而,傅立叶红外光谱法和拉曼光谱法的研究结果表明:这是一件赝品,它实际上是由聚甲基丙烯酸甲酯、聚苯乙烯和方解石矿组成的。

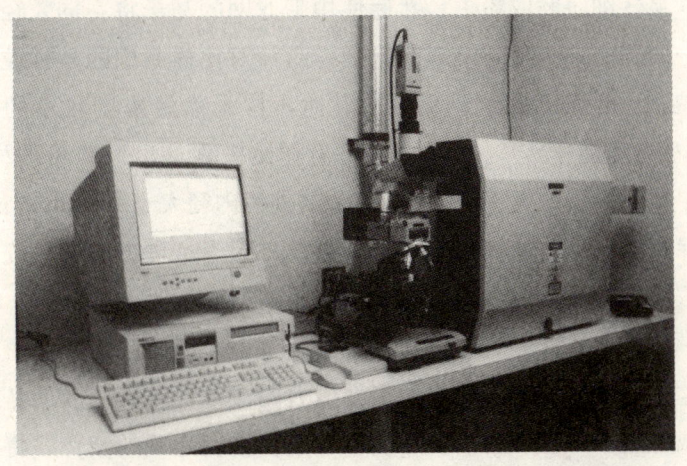

配有显微镜附件的拉曼光谱仪(图片由麦克科隆集团提供)

密度梯度管法

　　矿物、岩石及其他土壤颗粒的密度（指颗粒单位体积的质量）通常用每立方厘米的质量来表示，即 g/cm³。由于矿物组分及化学组成不同，因而不同颗粒之间的密度存在差异。此外，矿物材料的孔隙及是否存在气泡（即流体包裹体）等情况也会影响颗粒的密度。常见的矿物颗粒密度差异很大，可以从 20 g/cm³（金的密度）变化至 1.7 g/cm³（光卤石的密度）。土壤中某些颗粒，尤其是具有有机物性质的颗粒，其密度通常小于水。大多数有机物颗粒的密度都为水密度的 0.9 倍左右。我们把 4℃时物质的密度与水的密度（1g/ml）的比值称为比重。通常情况下，比重是用二者的倍数来表示的，例如，水晶的比重为 2.65。因为不同种类颗粒的密度存在差异，所以根据土壤样品中不同颗粒的比重分布就可以判断两份样品是否相似。在法庭科学检验里，密度梯度管法曾经被广泛用于对土壤样品进行检验。而且在许多案件中，这种方法都是唯一用做对比分析的方法。检验人员在法庭上依据自己从两个密度梯度管里看到的结果进行陈述。

　　使用这种方法时，我们首先使用橡胶质地的工具将两份干燥的样品仔细研磨成粉末；然后使用带滤网的筛子将不同粒径的粉末分离开。只有共同出现在嫌疑样品和对比样品中的某种粒径的颗粒，才能用于后续检验。检验时，首先称量质量较小的样品（通常为嫌疑样品），然后从另一份样品中称量出等质量的样品。如果样品的质量大于 75 mg，则需要使用内径大于 10 mm 的试管。确保两份样品质量相同是非常关键的，因为这种方法的研究对象与浓度相关。方法中所使用的玻璃柱长度通常为 12 英寸至 18 英寸，而且底部密封。玻璃管被置于架子上，里面装着不同密度的液体。首先装入玻璃管的是密度最大的液体，随后装入的是密度递减的液体，通常柱中会陆续装有十种密度递减的液体。将柱子直立，直至不同液体通过扩散作用而混合，那么我们将得到密度

第七章 检测方法

自下而上均匀递减的一柱液体。通常情况下，完成这一过程需要花费 24~48 小时。由于对比分析中需要使用两根液体柱，因而按照完全相同的方式制备出两根液体柱也是很重要的，即每种液体按照同样的方式添加相同的量。此外，因为密度会随温度发生变化，所以还应注意在相同的温度下制备两根液体柱。

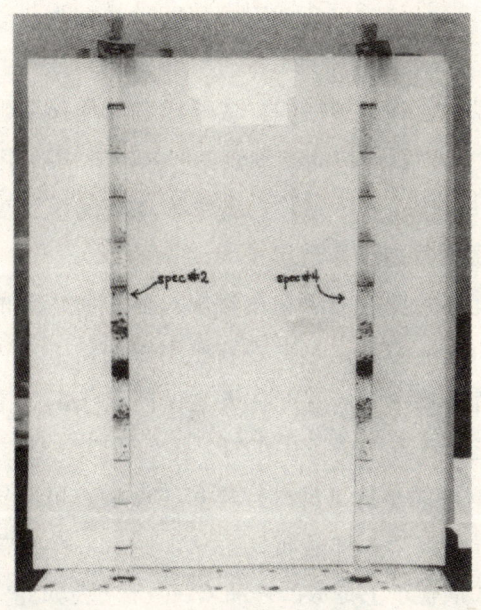

密度梯度管。尽管两份样品看起来很相似，但是其中一份样品来自邻近一家汽车加油站的土壤，而另一份样品来自一辆机动车内的地板上。

不同实验室在密度柱中添加的液体是不同的；但是，最为广泛使用的两种液体是三溴甲烷（比重为 2.89）及溴苯（比重为 1.499）。如果两种液体是按照一定的比例混合的，例如五倍体积的溴苯和一倍体积的三溴甲烷，那么，从单纯的三溴甲烷到单纯的溴苯之间，我们就可以获得十种不同密度的液体。将这些混合标准液一层层加入柱子中，就能得到所需的密度梯度柱。

当两根柱子中的混合液体平衡了而且产生完全一致的密度梯度之后，就可以将两份等质量的样品分别加入每一根柱子中。数小时之后，土壤中的颗粒个体将会分布到与之密度相同的那层液体中，并产生因密度不同而发生的分散。颗粒的密度对结果有影响，而颗粒本身的大小对于它在不同密度液体层中的分布没有影响（有些极细的黏土可能会有影响）。有些小颗粒可能需要很长的时间才能达到平衡。如果样品中有许多小颗粒的话，那么达到完全平衡且没有颗粒运动的状态可能需要两天的时间。

检验人员需要对两根柱子中颗粒的分部情况进行检测，通常通过拍照的方式记录。用于证据展示的照片是在荧光或其他冷光的照射下，以白色背景拍摄的。玻璃或者其他透明颗粒需要从上部或下部打光。当两份样品的颗粒在两根柱子中有相同的分布时，可以得到二者对比一致的结论。密度梯度柱能够很容易地将大于 0.01 g/cm^3 的密度差异体现出来。

密度梯度柱的价值在于它在常规对比中所体现的简便性，即不同实验室中不同的工作人员能够使用相同的方法进行对比。只要是一名熟练的技术人员就能在人为误差最小的范围内准备密度梯度柱。但是，该方法中还存在如下几个地质学上的问题：

1. 使用橡胶质地的工具敲打样品的做法，可能导致两份样品之间产生差异。当某一样品质地松软，而另一样品曾经被挤压并干燥时（例如从鞋子上提取的样品），情况尤为如此。这有可能导致矿物颗粒之间发生黏附。例如，如果比重为 3.0 的云母颗粒黏附在比重为 2.65 的石英颗粒上，那么所获得的复合颗粒可能会分散到密度介于两个单体之间的溶剂层。如果将两种颗粒分离开，它们又会回到与自己密度对应的溶剂层。

2. 由于位于柱子底部比重最大的液体为三溴甲烷（比重为 2.89），而在法庭地质学研究中具有重要地位的重矿物的比重大于 2.89，因而它们会在柱子底部沉积。四溴乙烷也是一种常见的重液，其比重为 2.97。即便使用这种液体，仍有许多种类的重矿物会沉积在柱子底部。Petraco 和 Kubic 曾经建议使用轻重矿分离液（Clerici solution）和蒸馏水，从而使某些重矿物能够悬浮在液体中。

3. 自然界的土壤中，最常见的成分是石英。通常情况下，土

第七章 检测方法

壤样品中超过 80% 的成分为石英。虽然纯石英的比重为 2.65，但是当单个石英颗粒内部含有液体、固体或者表面包覆铁等矿物时，它的比重会发生改变。绝大多数矿物都是如此。对不同样品进行分别研究时，密度梯度管法可能会将内含物或覆盖物引起的微弱差异清晰地展示出来，也可能无法清晰地展示。

4. 如果被检测的颗粒是岩石并且具有多孔性结构，那么空气就可能陷入颗粒的空隙中，从而导致它在水中受到的浮力变大。从地质学的角度判断相似的两份样品，有可能因为处理方式的不同而产生比重方面的差异。

5. 任何一种测量性质的方法，如果缺乏对于引起差异原因的解释和判断，都有可能导致错误的产生。在土壤样品中，石英和一些常见的长石有着相似的比重，在密度梯度柱中出现在相同的液面上，难以区分。

鉴于上述问题，我们可以作出如下判断：无论进行操作的科学家如何小心谨慎，密度梯度柱法自身都存在几个局限性。1983 年，Chaperlin 和 Howarth 通过仔细研究，最后得出如下结论：该方法无法从比较分析的角度对土壤的来源进行判定。这项研究结果与 Frenkel 在 1968 年所作出的结论一致，即"尽管关于土壤在密度梯度管中分布模式的研究结果已经公开发表，而且足够用于佐证，但是它们不足以作为法庭科学检验的显著性质使用。"根据上述不同的观点，我们可以得出这样的结论，通过密度梯度法所获得的结果不能单独用做对比分析的依据，因为操作过程是否正确值得怀疑。人们研发密度梯度管法是为了在试管中展示颗粒分布模式，这种模式就好像土壤的指纹一样，它易于被陪审团理解而且具有很强的说服力。然而，这种方法的问题在于，由于它不能直接对矿物或颗粒的种类进行识别，因而它无法利用现代法庭科学土壤检验的基础，即不同种矿物、岩石及化石之间的巨大差异性。尽管如此，许多学者仍然认为这种方法具有突出的优势：(1) 该方法简单到连傻瓜都能操作；(2) 它的结果能以漂亮的图片展示给陪审团；(3) 它的结果简单到无须动脑就能理解。

第八章

其他地球物理学方法与仪器

目前讨论的大多数法庭地质学实例和方法都是通过这种或那种方式为检测对比服务的。这些方法对确定两个样品是否共源有一定的作用。两个样品是否一起存在过？这类研究的基本原理就是将从被检测样品中取得的数据与已知样品中取得的数据进行对比。研究目的是为帮助判断犯罪嫌疑人是有罪还是无罪提供科学依据；帮助在调查中找到线索；并协助确定刑事或民事案件中的责任。

有些其他的工具与方法对法庭地质学家是有用的，它们已经或者可能被用于一些特殊的法庭问题。在有些案例中，当调查人员面对涉及地球或地球物质的问题时，他会意识到地质学或地球科学知识也许会有所帮助，于是便向地球科学家求助。除这里提到的应用实例之外，无疑还有很多不同的应用实例，每年都会出现新的应用实例。当一个熟练的、有想象力的、敬业的调查人员碰到这类问题，并引起了志趣相同的科学家的注意时，这些工具和方法就能派上用场。在这些类型的案例的基础上，我们应该记住，在某个案例中所采用的某种方法不一定对所有类似的案例都适用。然而，假如这种方法被证明对于别的案例也是有用的，那么至少"车轮不用再去被发明"。

磁力仪

许多物探仪器可以给我们提供关于地下岩石类型、形态以及倾向的信息资料，对寻找矿产、石油和天然气具有重要的意义。这些仪器可以测定地表以下岩石的特性，使我们能够预测或者确

第八章 其他地球物理学方法与仪器

定地下存在何种矿产。

磁力仪是一种用来测量地球磁场强度变化的工具。磁力仪有多种类型，包括磁力天平、磁通门磁力仪和核磁共振磁强计等。磁场强度的单位是奥斯特，有时也用高斯，它们在数值上是相等的。整个地球磁场——也就是使指南针指向北磁极的磁场——强度大约是0.5奥斯特。

地球固有磁场的强度会因为地下岩石成分的改变而变化，每隔几英里的距离其强度可以改变几千伽马。有些岩石的磁化率（敏感性）相对较大。通常，含有磁性矿物的岩石磁化率较高，如磁铁矿，所以磁性较大。世界上最重要的一些矿产，特别是铁矿，都是通过磁力仪发现的。

大量的铁存在于地球表面或地下，增强了地球的固有磁场。当这个磁场强度足够大时，就能通过磁力仪检测出来。现在的仪器可以在陆地上或飞机上使用，也可以用船只拖拽着在水中使用。机载磁力仪的最早应用是在第二次世界大战期间用于探测潜艇，采用的是磁通门磁力仪，该类磁力仪是机载磁性探测器（MAD）系统的核心。飞机装载着仪器在海洋上空飞行，同时记录下地球磁场的强度，当飞过潜艇时——相当于海水中存在大量铁——仪器的示数就会增大。位于海底的其他的大量的铁也能被探测出来。通过经验和对已知的沉船位置的详细记录，对潜艇的探测和解释技术得到了改进。第二次世界大战以后，机载磁力仪被广泛运用于各种矿产的勘探中，也用来对具有含油前景的岩体结构进行定位。

磁力仪运用于法庭科学工作中并不罕见。最近有这样一个案例，米德外斯特（Midwestern）镇一位知名人士开着他的新卡迪拉克轿车失踪了。几个月以后，有人想起来在一个正在被开采的露天煤矿附近曾见过他的车。因此，我们有理由相信该事故可能是失踪者自己不慎驾驶造成的后果。在露天煤矿里，地表大量的泥浆被运走之后，成百上千英尺厚的煤层就暴露出来供以开采。地上的泥浆通过巨大的传送带运到远离矿区的地方堆积下来。调查人员怀疑受害者和他的车一同被传送带运移走后被埋了下来。

煤矿的记录也表明泥浆堆积时间也在受害者失踪时间段内。然而，目前那片区域已经被几英亩数英尺厚的土地覆盖了，于是人们计划用磁力仪来探测。探测之前，人们将一辆同型号的轿车放在矿边，还在车外做了相关的检测，保证即使深埋达 70 英尺，轿车也能被仪器检测到。在探测过程中，仪器在几个地点都显示较高磁场强度。尽管这几个地点都不足以达到与轿车相当的铁应有的显示，但是人们还是进行了钻探。结果表明确实没有发现汽车，磁力仪只探测到了一些铁丝。

金属探测器

尽管普通的金属探测器和矿物探测器的工作原理有所不同，但是它们都能用来检测较小的金属目标，比如埋在地下的枪支等等。由于这些仪器通常必须靠近目标才能将它们检测出来，因而主要用于定位埋深只有几英寸至几英尺的物体。

地震仪

地震仪记录的是地震波穿过岩石时产生的振动，它主要用来测定地下岩石的类型和分布。要使用这个仪器，就要求我们必须能够制造冲击波，同时也具有检测穿过岩石的地震波的方法。因为地震波在各种岩石中的传播速度不同。通过测量地震波从震源传播至检波器所需的时间，就能获取地震波在岩石中的传播速度等信息。冲击波可以是天然地震产生的，也可以是人为造成的，比如炸药。小型仪器接收的是用一个大锤撞击放置在地面上的金属板产生的冲击波。另一种方法是在地表通过爆炸产生冲击波，然后冲击波向下传播，遇到岩层界面后反射回地表，研究者记录下往返时间。若已知岩石类型和相应的地震波传播速度，我们就能够测定反射地震波的岩层界面所处的深度。通过这种方式，人们可以了解地下各种岩石类型及深度。

第八章 其他地球物理学方法与仪器

有些涉及爆炸的案件中，研究人员试图通过参考用于记录地震的地震仪获取的地震记录，测定爆炸发生的精确时间。他们能否成功取决于两个因素：爆炸强度和地震仪的贴近度。与之类似的方法也可用来记录全球范围内的核爆炸。

亚利桑那大学的 Keith Koper 认为从地震数据中获取的信息可以刻画出一个炸弹的特征。1998 年 8 月 7 日早晨，恐怖分子几乎同时在位于肯尼亚内罗毕和坦桑尼亚的美国使馆前引爆汽车炸弹，至少造成 220 人死亡和四千多人受伤。在这些事件中，虽然恐怖分子不能完全突破美国大使馆的安保措施，但是产生的冲击波也使两栋建筑物和附近的一些车辆彻底毁坏。虽然内罗毕的美国大使馆没有倒塌，但是它附近的犹富地（Ufundi）大楼被彻底地摧毁了。

内罗毕大学地质系用一个三维宽带地震仪记录下了这次袭击。在位于爆炸点西北方向 3 公里处，仪器获取了一份高品质的爆炸记录。从记录中可以看到清晰的纵波和瑞利波，以及一系列的气流冲击波。于是，科学家们可以计算爆炸发生的精确时间和引起地面震动的冲击波能量的大小。更进一步，由于空气爆炸以冲击波的形式传播，首个空气冲击波的运行时间可以用来限定计算的爆炸总能量。这些信息有助于研究者刻画出炸弹的特征。

我们通常把提取地震波的检测仪称为检波器。检波器是地震检测系统的核心。在这个系统中，高灵敏的检波器围绕一个地点呈圆形放置，一个有尖端的小盒子插入地里，它们与记录仪被用电线或者传感器连接起来。目前使用的仪器非常灵敏，甚至当一个体重一般的人在离检波器 35 英尺～50 英尺的地方步行时也能被检测到。土壤的类型以及来自附近公路或铁路的背景噪声都会影响该系统的实际灵敏度。

探地雷达

地球物理方法在寻找被埋藏物体方面取得了巨大的成功。探地雷达就是一种常用的技术。该系统包含一个无线电发射器和接收器，它们连接在一对与地面接触的天线上。发射的信号可以穿入地下一小段距离，一些信号可以被电学特征与其周围土壤不同的物体反射回来。这些信号会迟到一点。探鱼仪在水中的工作原理也与之类似。仪器可以将从其他物体反射回来的回声绘制成图像显示在屏幕上。当无线电发射器沿地面移动时，每一个新的图像都显示在前一个图像的旁边，最终构成一个可以被解释的模型。在丹佛地区，G. C. Denport 等人曾经用很多方法研究过这一技术，包括埋藏猪尸体等项目。研究者们将猪尸体不断分解，看看仪器检测到的反射信号型式有什么不同。加拿大皇家警察的"E"部门和英国哥伦比亚西蒙佛拉瑟（Simon Fraser）大学的 Mark Skinner 教授的研究也取得了成功。在英国哥伦比亚的研究中，他们将两只山羊和一只熊埋藏在一个特定的区域长达五年。研究人员首先通过寻找翻动的土壤和新生植物来缩小搜寻区域的范围。在锁定范围内，探地雷达就很容易确定了这三个埋藏尸体的位置。

在弗吉尼亚州芒特弗农山庄中使用探地雷达搜索——图片由英国伯明翰大学的 Margaret Watters 提供

第八章 其他地球物理学方法与仪器

盖革计数器

许多矿物本身就具有放射性。矿石中含有钍和铀，许多地质学家被雇来勘探这些矿藏。幸运的是，用盖革计数器和闪烁计数器这两种普通仪器就能直接检测到放射性。在侦查工作中，放射性有多个方面的用途，有时候调查人员必须检测放射性矿物。此外，也可以先使用计数器探测到的具有放射性的粉末或膏状物，以此来证明某人或某物曾接触过这些放射性物质。

19 世纪 30 年代末曾发生过一个典型案例。位于新泽西州普林斯顿的帕尔默物理实验室，发生了铅棒失窃的情况。这不是普通的铅棒，里面含有具放射性的钴。因为推断盗贼有可能将铅卖给废物收购站，所以调查人员带着盖革计数器找遍了所有的废品收购站，最后收回了铅棒。

地球物理学技术在法庭科学中的应用					
	金属探测器	磁力仪	电磁仪	探地雷达	备注
弹壳	●				
弹头	●				
未爆弹药	◆	●			
坟墓（浅表的）		◆	★	●	双盒式金属探测器
坟墓（混凝土下的）				●	
水下尸体				◆	依据钢筋网
水下物品	★	★		◆	类似测深仪
55 加仑的筒 5 英尺~10 英尺深		●	★		仅限淡水中玻璃钢材质的筒
●适用于大多数情况 ★适用 ◆可用					
——G. C. Davenport 提供					

碳-14 年代测定法

放射性碳定年或碳-14 年代测定法是在第二次世界大战之后

才发展起来的，该方法依据的是已经死亡的动植物组织内的碳－14的衰变。它适用于7万年之内的时间推算。考古学家和古生物学家用这个方法给古人类和动物的遗址以及遗留物定年。因为核武器实验改变了现有放射性碳的数量，所以我们采用相对较新的数据时必须作校正。然而，这也允许我们对不太古老的物质做精确的测定。很多案件中，放射性碳定年帮助我们测定人骨的年龄，主要用来鉴定人骨是否属于受害者。这一技术还用于在涉及欺诈的案件中测定木质家具、布料和油画等物品的真实年代。

科学家们长期探索一种可以被人体吸收且半衰期短的放射性同位素。如果可以找到并且使用这样一种物质，那么就有可能用来测定死亡时间。英国里丁大学的 Stuart Black 正在研究一种涉及铅和钋－210的派生同位素的方法。这些派生同位素存在于空气中，可以被水和食物吸收，然后人类通过呼吸、食物、饮水等途径将其摄入体内。在肯尼亚，已经有人用这一方法对已知年龄的象骨进行了检测实验。

荧光性

在紫外线照射下，许多矿物的发光颜色与在正常白光照射下的发光颜色有所不同。一些荧光物质在正常白光下几乎是看不见的。一直以来紫外光都用于鉴别荧光性矿物。许多博物馆也有一些很漂亮的荧光展览品。

紫外光也跟其他的电磁射线一样，以波的形式传播。电磁波的波长随频谱的改变而改变。无线电波波长最长可达2万米（约12.5英里），而宇宙射线波长最短不到0.000 4Å。对于人类而言，可见光的范围是从紫光（波长约3 800Å）到红光（波长约8 000Å）。紫外光的波长大约介于1 800Å～4 000Å之间。商业用的紫外光灯可以产生波长为1 800Å～3 000Å的短射线，也能产生波长为3 000Å～4 000Å的长射线，两种波长的光对肉眼来说都是不可见光。我们通常能够看见的这些灯发出的光是紫光，紫光并没有被消除，因为这种可见光有助于指示灯泡是否正常工作。

第八章 其他地球物理学方法与仪器

当荧光物质接受紫外线照射时，原子被激活。围绕原子核小轨道运动的电子跳转到其他更远的轨道，外层轨道上的电子取代内层运动的电子。这些电子的活动释放能量，于是就形成了可见光。因此，荧光物质被不可见光激活后可以产生可见光，我们可以通过肉眼或拍照观察。荧光只有在接受紫外光照射时才能显示出来，颜色可能为蓝色、褐色、绿色、橙色、金色、红色、白色、黄色、紫色或红紫色等色调，显示的颜色取决于荧光物质的种类，一般都很容易分辨。例如，通常我们将油井钻探中带到地面的岩屑放置在紫外光下检测，因为大多数油类荧光颜色都很鲜明，黏附在岩屑上的石油可以为鉴别地下石油种类提供线索。

此外，我们也可以拥有发射绿光、蓝光、黄光等各色荧光的糊状、粉末状或喷雾状的鉴定试剂。犯罪嫌疑人接触过喷上或涂上了这些荧光物质的物体之后，调查人员只需要对比颜色就能很容易地将它们识别出来，如果仍有疑问，就可以用已知的荧光物质样品做对比鉴定。尽管长波和短波的荧光灯都能激活绝大部分荧光物质，但是我们在使用前仍要选择适合该物质的灯光种类。长波荧光灯通常用于许多商用材料，因为短波紫外线可能对眼睛造成严重的损害，所以必须谨慎使用。

我们常将糊状荧光剂涂抹在消防报警器的开关上，如果有人发出虚假警报，就可以用它将其鉴别出来。曾经有这样一个案例：一犯罪嫌疑人在逃离发出虚假火警现场时被逮捕。经检测，他的手指皮肤在紫外线下发出强烈的荧光，该情况被记录在其审讯记录中。然而，两天之后第二次检验时，警方发现犯罪嫌疑人所穿的运动服是由掺杂有荧光染料的合成纤维制成的，真正发出荧光的是从衣服上掉下来然后被汗水粘在手上的纤维和皮棉，在显微镜下对犯罪嫌疑人手上的纤维检测，结果也证实了这一结论。所以，第一次检测有误，犯罪嫌疑人无罪。为了确认犯罪嫌疑人双手是确实没接触过那些糊状荧光剂，还是犯罪嫌疑人在两次检测间隔的时间里有意或无意地除去了荧光剂，调查人员对糊状荧光剂样品做了实验。结果表明，数天之后，荧光剂仍然发光且很容易在皮肤上被鉴定出来。

有时，在某个部位将磨细的、具有十分特征的矿物混杂在糊状或粉末状荧光物质中，使其具有特有的鉴定特征。如果某人在特定的地点接触到了这种特别的糊状物，那么就不会产生任何疑问了。

有些橡胶产品，如轮胎，是借助油脂制成的，它们在紫外线照射下可以发出荧光。在有的案件中，我们可以借助紫外线，在干净的混凝土地面上识别出车胎痕迹。轮胎上的油脂留在地面上，就像我们手指在物体表面留下一枚指纹一样。人们已经成功记录了不同波长的紫外光的强度，以此来表征特定轮胎的油脂，这就使通过荧光特征来鉴别不同厂家的橡胶制品成为可能。

水 流

通常，在海洋、港湾和湖泊中，水以底流的形式运动。水流的方向和速度与漂浮物体的方向和速度可能相同，也可能不同，漂浮物主要随风运动。事实上，在水体的不同深度，水流的方向和速度一般不同。长期以来，地质学家和海洋学家都在海洋、港湾和湖泊中对水流的方向和速度进行测量。地质学家的测量目的是预测砂、泥等沉积物的运移。

科学家们采用了多种测量方法。漂移测量是沿水体底部测量水流活动，漂移物通常是一些塑胶质圆盘，且重量正好能使其停留在水体底部，随水流运动。在某一时刻将它们放入水中，过一段时间后回收，然后计算出圆盘运移到回收处的时间，我们就能得出它们的漂移速度，即水流速度。我们还可以做类似的测量，比如将染料放置在水中，然后观测被染色的水体的运动速度。多种仪表甚至能直接记录水流速度。漂浮物体的速度能通过记录该物体在给定的风速下从一处运移到另一处的时间而直接测量出来。

通常，人在死后约六天之内，无重负的尸体的密度大于水的密度，如同底部漂移物运移。六天以后，没有固定的尸体就会上浮，成为表层漂移物。在有些案件中，水流的分布与流速的相关

第八章　其他地球物理学方法与仪器

知识有助于我们推断尸体落水的位置。反之，如果知道了落水的时间和地点，我们也可以预测尸体或其他物体的下落。

有人曾采用底部漂移测量法对旧金山海湾中水流的分布和流速进行了广泛的研究。在旧金山地区黑社会式谋杀中，处理尸体的方式通常是将其抛弃于金门附近的海港中，而尸体常常在海港南端的海岸边被发现。人们可以推算出尸体落水的时间和地点，或者预测尸体浮出水面的位置。若已知风产生的表层流和底流在某特定时段的流速和方向，那么也可以预测出尸体到达岸边的位置。这些研究并不是局限于人类尸体这一个方面，当我们掌握了相关信息后，它们可以运用于任何漂浮或底部漂移物体。最近关于尸体的研究表明，在受潮流影响的河口处，如英国的亨伯河和泰晤士河，通过运用时间、水深、流动矢量和流动路径等信息来确定犯罪时间已经取得了很大的成功。

航空摄影和遥感技术

目前航空摄影用途非常广泛，包括制图、测量、公路规划、地质学和林学研究、考古学、农作物损失评估、军事行动和物资储备库存等。美国摄影学会列举了可以运用航空摄影的一百多个方面。许多考古发现仅仅就是通过采用航空摄影而取得的。在不列颠岛，考古学家发现最早使用航空摄影技术的时间可以追溯到罗马帝国统治时期。现在，航空摄影已经被用于选择填埋场，用摄影技术区分填埋场或者其他扰动区所依据的原则是：扰动区的土壤条件已经发生了改变，看起来也与周围未扰动区的土壤不同，且移植上了不同于附近未扰动区的植物。一个地区的扰动会改变其湿度、有机质分布、土壤构造以及其他相关性质。

在调查过程中，有时确立某些活动的发生时间是非常关键的——充填一块湿地，挖掘一个采土坑，砍伐一片森林，建设或摧毁一个建筑，航空或地面摄影资料可以提供某个特定时间内的物理特征和景象特征方面的可靠证据。通过对比不同时间的景象照片，我们可能从某事件的发生过程中获得一些有用的结论。航空摄影还可用于追踪填土中水蛭的活动。一些联邦机构，如美国农业部、美国地质调查局及军队等，在收集原始资料时，也像一些商业组织一样，不时地拍摄局部地区的航空照片。现代航空摄影几乎都把时间记录在胶卷上，这就增加了这些资料的用途。

遥感资料

遥感资料可以用于搜寻隐蔽的房屋，非法采矿，砍伐、种植大麻以及其他隐蔽物体或秘密活动。遥感地图和信息主要来自位于南达科他州苏福尔斯市的地球资源观察系统数据中心。美国地质调查局最近发布的这则新闻正说明了该类信息的价值。

借助美国地质调查局高新技术图像解开 Xiana 之谜

美国地质调查局给圣克拉拉谢里夫帝国搜寻与拯救小组提供了航空照片，用于寻找 Xiana Fairchild 的残骸。2001 年 1 月 19 日，在列克星敦水库附近发现一块小孩头骨，牙齿记录和 DNA 检测证明那是 1999 年 12 月失踪的瓦列霍市的一名 7 岁女孩。

1 月 26 日，莫菲特场西部灾难中心一名官员与位于门洛帕克的美国地质调查局取得联系，询问可以协助寻找女孩尸体的最新的、详细的地理数据。门洛帕克的制图人员立刻与南达科他州苏福尔斯市地球资源观察系统数据中心的同行进行联系。在几个小时之内，研究人员通过邮件将美国最先进的搜寻区的数字照片地图直接传送给司法部门的地理信息系统分析师。

类似的美国地质调查局地形图也经常用于国家的搜索和营救任务。此外，搜救者如今也经常采用电子地图程序，该程序使用了美国地质调查局数字正方形正射相片图。正方形正射相片图是一种最新的数字化的航拍照片，它涵盖四分之一张拓扑地图，并且可用电子图片的形式传送，然后搜救者可以用电池供电的笔记本电脑从网站上将其下载。

第九章

与矿山、矿物、宝石以及艺术品相关的诈骗

诈骗是通过谎言实施的盗窃行为。有些人会为了经济利益而说谎。他们或者说谎，或者对于许多类型的物品或情况进行虚假陈述；但是，在矿产、宝石、矿物以及艺术品的领域里，法庭地质学家所使用的工具对于识别犯罪、协助指控具有很大的帮助。

矿业诈骗

美国证券交易委员会反欺诈条款 10b-5 规则被引用在大多数诈骗案件中，该条款对欺诈性行为进行了如下描述：

10b-5 规则：任何人利用任何方式或州际商业媒介、通信或者任何全国性证券交易所的任何设施，直接或间接地对任何人实施下列与购买或出售任何证券有关的行为，都是非法的：

- 利用任何设备、诡计或伎俩进行欺诈；
- 对某一重要事实作出任何虚假的陈述，或不对某一重要事实做必要的说明，以使其所作出的陈述在当时的情况下具有误导性；或者
- 参与任何带有或将会导致欺诈或欺骗因素的行动、操作或业务活动。

(17 CFR 240.10b-5)

值得注意的是虚假陈述与隐瞒重要事实的行为是等同的。丹佛市的法庭地质学家 David Abbott 也许是最为了解上述情况的人。David Abbott 是美国证券交易委员会的一名法庭地质学家，并在多年的工作中对各种涉及矿业、矿物的潜在诈骗行为进行过

检验。据其本人称，工作几年之后，他可以仅仅凭借查阅一份内容说明书，就能够找出潜在的诈骗行为。因为相同的诈骗伎俩总是重复出现。如果真有变化，那么这种变化也是微乎其微的。

卖方拥有属于买房的小型金矿是一种常见的伎俩。卖方拥有部分或整个碎矿堆——这些碎矿堆往往来自某个废弃矿的尾料。推销者会作出保证说，矿堆里储有大量的黄金。这种保证也许是毫无根据的、彻底的谎言，也许是基于某位不诚实的分析人员作出的所谓的"分析结果"。根据骗子编造的故事可知，在之前的采矿过程中，并非所有的黄金都被开采尽了，其中一部分黄金被丢弃在尾矿场里。当然，骗子所保证的黄金量的价值会高于他们索要的价格。买方可以在以下两种方式中作出选择：或者亲自到矿上并亲手淘出黄金，或者雇用某人——该人往往是卖方的朋友——替他们处理。多数人会选择后者，并欣喜地获悉替他们处理的人找到了比之前骗子承诺得更多的黄金。随后，买方还需进行另一个选择：或者立即带走属于他们的黄金并支付相关税费，或者将其保存在卖方的保险柜里并支付小额的年费。绝大多数人会选择后者。当提货的日子来临时，卖方已经不再经营了，而且那里既没有黄金也没有保险柜。这种诈骗伎俩的变更是无穷尽的。对于这种案件进行检验的法庭地质学家常常要前往矿场并对土堆进行分析。骗子的谎言通常出现在关于矿堆里黄金价值的描述里。

Abbott 还谈及另一种他所调查过并且具有多种变化形式的诈骗。在哥斯达黎加的西海岸有一处黑沙滩，据称这片黑沙滩里储有一定含量的黄金。这些黑砂被运至位于中央高地的圣何塞进行加工处理。打算投资的人可以看到加工厂以及停在沙滩上装满货物的卡车。Abbott 对沙滩上的样品进行淘选并确定样品中黄金的真实含量，通过这种方式对该类案件进行说明。此外，骗子会进一步指出这些沙子会不断地得到更新，那么利润就会永无休止地滚滚而来。他们没能说明这些沙子会以怎样的速度得到重矿物补充以及这个补充速度是否追得上淘沙的速度。

很多矿业诈骗都是通过使用金盐对某一物体进行处理而实施

第九章 与矿山、矿物、宝石以及艺术品相关的诈骗

一个诈骗案中的尾矿堆。图中的木棒记录着买方以及物主的姓名——David Abbott 提供

的。用于表面处理的金属或者被喷撒到客体表面,或者由枪筒射出来。对于该类案件进行检验时往往要力求回答这样的问题:该物体中的黄金原本就应该是这样的,还是这些黄金组分是从其他地方被带来的?通过显微镜往往可以发现,那些通过盐渍方式获得的黄金可能是带有锉刀痕迹的金屑,也可能是被切断的金箔。

近年来,最为严重而且损失惨重的矿业诈骗案当属 Bre-X 案。在 Bre-X 丑闻中,原本位于婆罗洲岛布桑河沿岸的一处几乎毫无价值的金矿,最后却演变成加拿大历史上最大的矿业诈骗案。John Felderhof 和 Michael de Guzman 是两位地质学家,二者都有良好的职业信誉。然而,1992 年,两人都在工作中出现疯狂之举。Felderhof 派 de Guzman 去布桑考察布桑矿是否值得出售。报告的结果是非常乐观的。加拿大矿业家 David Walsh 于 1989 年成立了一家公司,并以其长子 Brett 的名字将这家公司命名为 Bre-X。在阿尔伯达证券交易市场上,该公司的股票价格在四年之间始终持续在 0.14 加元至 0.3 加元之间。1993 年,依据 de Guzman 的报告,Bre-X 公司以 8 万加元的价格购买了布桑矿;而当时该公司的经营情况并不乐观。钻孔工作在随后的几个月里开展了。

在起初的两个钻孔里几乎找不到黄金。然而，第三个钻孔里出现了大量的黄金，随后的一些钻孔也都如此。Bre-X 公司的股票狂涨至 270 加元。

矿产的所有权问题要比地质问题复杂得多。起初，美国矿业公司自由港公司（Freeport-McMoRan）于 1997 年获得了布桑矿 15% 的股权。通过苏哈托控股的一家公司，印度尼西亚政府持有 40% 的股权。Bre-X 公司只有 40% 的股权。随后，Bre-X 公司的股票出现在多伦多证券交易市场以及纳斯达克股票市场上。最后，自由港公司以及其他股东对钻孔里找到的矿物进行了细致分析。结果表明，第三个钻孔是被人使用金铜合金人工盐渍过的。其他钻孔样品中包含的砂金是从当地矿工那里购买的。所有关键样品都已被丢弃，而且办公大楼的一场火灾毁灭了所有的记录。1997 年 3 月 10 日夜晚，当加拿大勘探者协会（Prospectors Association）正要赋予 David Walsh 和 John Felderhof "加拿大年度勘探者"称号时，两人接到来自自由港公司的电话并获悉钻孔结果表明其中黄金含量几乎为零。自由港公司希望得到解释。九天之后，Michael de Guzman 从一架直升机上坠落下来，消失在神秘的婆罗洲丛林里。据称，他是自杀身亡的。成千上万的资产已经损失掉了，而布桑矿也再次成为一处毫无价值的废矿。人们并不清楚 Felderhof 是否了解盐渍诈骗的内幕，但是他通过出售股票获得了可观的利润。目前他居住在开曼群岛。调查人员认为 Walsh 不可能了解诈骗内幕。1998 年，他因一场严重的心脏病与世长辞。我们也许永远都无法了解这场加拿大历史上最大的矿业诈骗案的所有细节。

宝石诈骗以及虚假陈述

数世纪以来，人们都会以宝石非真实的状态出售或交易它们。有些时候，上述问题可能是由于人们缺乏常识、缺少用于精确鉴别的仪器或者过于信任他人等原因造成的；然而，在很多情况下，上述问题的出现仅仅是为了获利而作出的谎言。在钻石市场中，

第九章 与矿山、矿物、宝石以及艺术品相关的诈骗

"声称某一枚钻石是纯天然的,而非人造的或者净度改变的"是诈骗方式的一种。钻石的净度改变是指向钻石的裂缝里填充某种具有与钻石类似反射光性质的固态物质,例如玻璃。这样,钻石中的裂缝就没那么明显,而且钻石外部的净度也得到改善。在许多钻石诈骗案件中,其他种类的人造材料被当做钻石出售。钇铝石榴石就是其中的一种,其商品名为 Diamonair。钛酸锶也被用于冒充钻石,其商品名为 Fabulite 或者 Diagem。最好的钻石仿造品是氧化锆,它出现于 1977 年,其商品名为 Fianite,Phianite 或者 KSZ。实际上,它是一种掺钇的氧化锆。

古埃及人以玻璃替代物而闻名,因为真正的宝石稀有而又昂贵。1758 年,维也纳的 Joseph Strasser 研发出一种外观类似钻石的高折射系数的玻璃。虽然玛丽亚·特瑞莎(Maria Theresa)女皇曾宣布禁止生产和销售这种产品,但是这种产品却通过巴黎抵达欧洲市场。1888 年,法国化学家 A. V. Verneuil 寻找到制备物理特征及化学特征与天然材料完全相同的人造石材的方法,并以商业价格制造出红宝石。早期的探索曾经成功地制备出人造石材,但这仅仅是出于科学探索的目的而已。据称,人造祖母绿几乎可以产生比其他天然石材都好的视觉效果;而且,尽管缅甸红宝石的价格非常昂贵,但其实它与美国蒙大拿州岩溪所产的红宝石根本无法区分。实际上人们购买宝石往往出于多种原因:用于买卖、出于投资价值的考虑、对于商品的追求、为了时尚或者作为诞生石等;有些情况下,人们只是由于喜欢而购买宝石。黑色钻石的流行是关于交易目的的最佳例证。这些石材由于充满内含物,因此前些年仅作为研磨剂出售而已;然而今天它却摇身成为漂亮的宝物。只有当出于盈利目的时,某人对某一石材作出虚假陈述才会构成犯罪。因为有色宝石的成分更为复杂,所以相对于钻石市场而言,有色宝石市场中出现的虚假陈述更多。

由于现代仪器设备以及晶体理论的出现,"创造"或"生长"出任何一种宝石都是有可能的。市场上出现了人造紫石英、紫翠玉、红宝石、祖母绿、蓝宝石、蛋白石甚至是绿松石。许多合成

材料本身价格昂贵；而且其中多数很难与其天然对应物区分开，因此会导致过失虚假陈述的出现。一些漂亮的宝石有时会有"合成"标识。

合成宝石具有同天然宝石基本相同的物理特性、化学特性以及光学特性，因此，不应将合成宝石与仿造宝石混为一谈。仿造宝石通常为价格低廉的仿造品，除了颜色类似之外，其他并无相似之处。许多仿造品都是玻璃质地的，但也存在塑料质地的仿造品。通过仔细的表观检验以及简单的宝石学测试，就可以将仿造品与真品进行区分。各种颜色的宝石几乎都存在玻璃质地的仿造品；玻璃以及塑料质地的仿造珍珠、绿松石及琥珀也很常见。

将更为常见而且价值相对较低的石材谎称为一种罕见、价值相对较高而且颜色相似的宝石是另一种形式的诈骗。石榴石可能被谎称为红宝石，透辉石可能被谎称为橄榄石，染绿玉髓可能被谎称为孔雀石。如今，由于越来越多的五颜六色的天然宝石涌入市场，故意虚假陈述以及过失虚假陈述都有可能发生。

宝石增色并非新奇。世代相传的多种增色技术，其本身并非为造假而延续。由于增色技术非常普遍，因而正确理解哪些工艺是工业所允许的，哪些代表着试图使用次等宝石冒充价值更高的宝石这种故意的造假行为，这一点非常重要。

使用复杂加热程序对石材进行处理是一种常见的宝石改色或增色方法。加热处理是使许多种宝石的颜色变淡、颜色加深以及颜色彻底改变的常规处理手段。如果在特定种类宝石的常规处理中使用这种方法并且改色结果是永久性的，那么这通常不称为欺诈。加热法作为一种公认的方法被应用于以下石材的常规处理过程中：

琥珀：用于加深颜色或者增添"太阳光芒"。

紫石英：用于淡化颜色以及使颜色暗淡的材料变为黄色石材，并作为黄水晶出售。

绿玉：用于加深颜色以及为了得到"更蓝"的蓝色而去除底色中的绿色。

第九章 与矿山、矿物、宝石以及艺术品相关的诈骗

玛瑙：用于产生颜色。

黄水晶：黄水晶通常是通过加热其他种类的晶体而获得的。

紫锂辉石：用于改善颜色。

铯绿柱石：用于将颜色由橙色变为粉色。

蓝宝石：用于淡化或者加深颜色以及改善均匀性。

坦桑黝帘石：用于产生更漂亮的蓝色。

黄玉：加热与辐射相结合，用于产生蓝色以及粉色。

电气石：用于使颜色较深的电气石（通常为绿色的或者蓝色的）变浅。

锆石：用于制备红色、蓝色或者无色的石材。

通过加热法获得的颜色通常是永久性的。然而，通过显微镜可以观察到加热处理的痕迹。除非加热法已经成为交易过程中众所周知的标准处理方法，否则最好将其明示。有时，加热处理是在化学蒸汽中完成的，这样会使某种物质的原子分散到石材外部。这种做法的确能够改变材料外部的化学组成，因此应该明示。通常，可以使用抛光的方法处理被改变的石材外层，从而使隐藏在下面的原始石材暴露出来。

如今较为常见的辐射技术可以通过几种方法来实现。每种方式都有特殊的用途。有时，辐射技术与加热法结合使用。只要辐射改色法能够产生稳定的结果，那么它就不会被认为是欺诈行为。然而，美国联邦商务委员会认为销售方应该对石材经过处理的事实进行明示。辐射技术被应用于以下石材的常规处理过程中且未作为欺诈行为对待：

钻石：用于将颜色从灰白色变成某种奇异的色彩（例如绿色、黄色）。

紫锂辉石：用于加深颜色。

珍珠：用于产生蓝色或者灰色（黑珍珠）。

黄玉：用于将颜色从无色变为蓝色，加深黄色和橙色或者产生绿色。

电气石：用于加深粉色、红色以及紫色。

黄色绿柱石：用于产生黄色。

涂色技术常用于处理依天然形状研磨的透明或半透明的蛋白石，从而产生一种貌似珍贵的黑色蛋白石的石材。黑色的结合剂或颜料被涂抹在框架的内侧。当蛋白石被置于框架中时，摄入的光线就被捕捉并被反射回来，从而使放入其中的蛋白石看似精美的黑色蛋白石。

在现代宝石中很难再见底面贴箔的宝石，但是它在古代宝石中却是相对常见的。无论是非刻面宝石还是刻面宝石，都可以使用底面贴箔技术处理，通常采用的做法是镶入背面封闭式衬底。衬底的内侧排列着银箔或者金箔，可以增强宝石的光泽度和闪耀度；衬底的内侧排列着色箔，可以改变或者增强宝石的颜色。

烟熏是专门针对蛋白石使用的一种技术。针对那些来自墨西哥的灰白色至茶色的蛋白石，烟熏技术可以赋予它们更为漂亮的、深度适中的咖啡棕色，这可以显著增强蛋白石的火焰光晕。具体做法是，首先使用棕色纸张将经过切割和抛光的蛋白石紧紧地裹在里面；然后将其放在一个密闭容器中进行适度加热，直到纸张被完全炭化为止。将其冷却并取出蛋白石后，就会发现蛋白石获得了更为深棕色的石身以及火焰光晕。然而，如果对这种烟熏产生的外表颜色进行乱涂乱刮，那么隐藏在下面的颜色就会暴露出来，而宝石也就需要重新烟熏。使用湿润法，例如用唾液沾湿宝石，可以很容易地将烟熏技术暴露出来。宝石被沾湿以后，一些火焰光晕就会消失，但是当宝石干燥的时候火焰光晕又会重新出现。

使用液体玻璃、类似玻璃的物质或者环氧树脂填充物可以填充有色宝石表面的裂缝。这些填充物可以使裂缝看起来没那么明显，而且可以改善一块石材的整体外观。如果在填充物中加入有色物质还可以同时改善石材的色彩。出售被填充过的宝石而不明示并非一种公认的贸易惯例。故意这样做将构成诈骗。尽管如此，市场上出现的有玻璃填充物却未明示的红宝石的数量还是明显增多了。目前，使用环氧树脂填充的祖母绿已经广泛流通，而且常

第九章　与矿山、矿物、宝石以及艺术品相关的诈骗

常在未明示的状态下被出售。给祖母绿灌油的做法仍然是一些经销商的常规做法。

拼合石是由两个或者两个以上的部分组成的。它有两种基本类型。二层石是由两部分组成的石材，有时这两部分通过有色粘接介质结合在一起。三层石是由三部分组成的，通常通过彩色中间层粘接在一起。

在合成材料发展以前，二层石被广泛地用于古代宝石中；而且，截至今日，它仍然是相当常见的。在古代宝石中，常见的二层石是由位于顶部的红石榴石和熔融在一起的适当颜色的底座组成的。另一种类型的二层石是由有色粘接介质融合在一起的两部分无色石材组成的。一颗"祖母绿"（有时也被作为"结合祖母绿"出售）可能是由上下两层无色的合成尖晶矿以及中间的绿色胶粘合而成的。如果使用红色或者蓝色胶替代绿色胶还可以仿造出红宝石或者蓝宝石。

三层石在蛋白石市场上较为常见，而且已经彻底替代了那里的二层石。三层石就像二层蛋白石一样，只不过使用一个依天然形状磨圆的无色石英帽盖住整个二层石而已，从而使精巧的二层石免遭破损而且获得更强的发光性。作为天然蛋白石的改进品，一些三层石得到明确标识而且得以高价出售。

上述关于增色处理以及欺诈行为的观察，其中部分来自印度德里的宝石购物者（GemShopper），欲知详情，请浏览他们精彩的网站，网址：www.gemshopper.com/fraud.html.。

许多欺诈案件都涉及琥珀。大多数琥珀是在 3000 万～9000 万年之前，由于树脂渗出而形成的。黏稠的芳香族树脂从树木的侧面渗出，吸引并使种子、树叶、羽毛以及虫子陷入其中。随着掩埋的发生以及时间的推移，树脂通过天然聚合反应逐渐硬化为金色的宝石，即琥珀。全世界各地都出现过琥珀，但是波罗的地区是最负盛名的琥珀产地。一份琥珀样品的价值是由其中的化石决定的。含有小型脊椎动物的琥珀，其要价相当高。这势必为琥珀赝品提供了机会。制造假琥珀的方法很多，包括使用柯巴脂或

者像不饱和聚酯树脂这种合成树脂或塑料等。另一种方法是在真琥珀上打个小洞，将动物畜体放入其中，然后使用树脂将小洞重新填充好。大多数真琥珀中发现的生物是存在破损或略有倾斜；相对于此，那些完整的、尽善尽美的生物可能会成为一条线索。陷入树木侧面黏稠树脂里的生物通常不会坐以待毙。关于琥珀赝品，著名的地质学家及法庭地质学教师 Jack Crelling 常常这样说："如果它看起来像似有人将一个完美的生物体放入树脂中，那么就很可能是有人这样做的。"

1900 年，J. P. Morgan 以十万美元的价值购买了著名的比门特琥珀收藏品，并将其陈列在美国自然历史博物馆中。其样品编号为 AMNH 13704，目录中标注着"小型树蛙琥珀"。甚至在 1993 年，专家对其进行重新检验的时候，这个样品还看似是具有 4 000 万年历史的波罗的琥珀。琥珀中的青蛙是完整的，仅在头的中部和右眼部位有些塌陷。从其皮肤可以看到色素沉着，还可以看到其骨骼。而且该样品中没有在许多赝品中常见的标本与树脂之间的气泡。起初，专家将样品一端的窄裂缝判断为天然形成的。通过在实验室中使用双目立体显微镜和光纤照明法对比门特青蛙进行研究，人们发现青蛙上黏附着一块非常小的扇贝贝壳：很显然，海贝壳是爬上树然后进入树液的，当伪造者将海贝壳引入的时候，他或她不是犯了一个错误就是太富幽默感了。研究结果表明有人在琥珀上钻了一个洞，装入青蛙和海贝壳，然后非常小心地沿着一条天然裂缝将拆除的部分粘回。

位于瑞士巴塞尔的 SSEF 实验室以及位于瑞士卢塞恩的哥布林实验室等实验室，都在研究宝石的地理来源并发布原产地报告。出于某些原因，近些年来原产地问题变得越来越重要。宝石可以用于资助恐怖活动。宝石的价格可能因为来源于某一特殊地区而得到提升。关于产地的信息还有可能帮助监控以及执行世界贸易协定。

在宝石材料被偷的案件中，将石材的来源追溯回某一特定矿是非常必要的。解决上述问题，除了依靠物理性能及光学性能之

第九章 与矿山、矿物、宝石以及艺术品相关的诈骗

外,还要依靠石材里的微量元素以及像内含物这样的内在特征。Pornsawat 博士来自位于曼谷的泰国农业大学(Kasetsart University)和位于朱拉隆功的泰国宝石研究所,他是确定宝石来源研究领域的带头人之一。像宝石研究所这样的实验室不仅配有标准的宝石鉴定设备,而且还有像能谱仪、能量色散 X 荧光光谱仪、傅立叶红外光谱仪、紫外—可见—近红外光谱仪、激光拉曼光谱仪、阴极射线发光仪以及 X 射线机等宝石分析仪器。研究机构的数据库以及可以用于确定来源地的其他信息是最为重要的。对于被盗的石材,除了确定它的来源地之外,研究机构还要使用阴极射线成像以及光谱数据/特征来绘制宝石地图。位于加利福尼亚州卡尔斯巴德的美国宝石学研究所始建于 1931 年。作为宝石鉴定领域的世界领军者,该研究机构提供最为先进的鉴定课程。

艺术品诈骗

麦克科隆研究所和麦克科隆集团是由 Walter C. McCrone 创建的。他是全世界微粒鉴别领域以及微粒鉴别教学领域里的一名卓越人物。此外,他还出版了《微粒地图集》(*The Particle Atlas*,关于微粒鉴别的六卷书籍)并创建了《显微镜》杂志(*Microscope*)。来自全世界各地的许多法庭地质学工作者都同 McCrone 一道工作或学习过。McCrone 最显赫的业绩包括曾致力于确定一些举世闻名物品的真实性,例如都灵尸衣以及文兰地图。大多数艺术品领域里的法庭地质学工作都包括对颜料或者陶器中矿物进行的鉴别,而且多数鉴别都是使用偏振光显微镜进行的。

艺术品赝品并不常见。伪造者通常选择一位已故的著名艺术家,然后尝试模仿该艺术家的风格或某一件现有的绘画。此外,造假者还应使用该艺术家创作时期所使用的材料。1985 年发现的 1 500 幅 Larionov(拉里奥诺夫)蜡笔画及素描作品掀起了一件臭名昭著的造假案例。Mikhail Larionov 是一位现代画家,他于 1915 年离开俄国。近年来,Larionov 越来越受欢迎,他的作品也

变得价格不菲。专家认为 Larionov 是在前往巴黎的时候将这些被发现的作品留在俄国的。这些收藏品分布广泛并在德国和瑞士进行陈列。最后，问题的矛头指向了这 1 500 幅作品的真实性。McCrone 使用偏振光显微镜对两幅蜡笔画进行检验，并从中发现了金红石型钛白粉。他还使用 X 射线衍射法对这一发现进行确认。McCrone 清楚艺术家们从 20 世纪 40 年代才开始使用这种材料。此外，由于颜料中不存在硫酸钡，因而它应该出现于 20 世纪 50 年代。所谓的被发现的 Larionov 作品是赝品。从几幅作品中提取的颜料，其 X 射线衍射图相似，因此它们是在同一时期由同一位艺术家使用同样的颜料创作的可能性就非常高。

被世人普遍接受的 Leonardo da Vinci（达·芬奇）完成品只有两件：《最后的晚餐》以及《蒙娜丽莎》。1985 年，John Harrington 购买了目前被称为《学者中的耶稣》（Christ among the Doctors）的作品。无数类似的作品成为了历史证据，并暗示着这幅画有可能是达·芬奇的。在艺术品世界里，许多相似的作品可能会指向同一临摹对象——这起事件中的同一临摹对象为一幅遗失的达·芬奇作品。McCrone 有幸研究这幅作品。需要解决的问题并非这幅作品是不是仿造的，而是通过法庭科学检验为这幅画可能是原创作品提供证据。不幸的是，尽管证据表明这幅作品是在达·芬奇在世的那段时间内完成的，但是这并不能证明它就是达·芬奇本人绘制的。

起初，McCrone 使用放射性碳定年法对这幅作品所使用的亚麻帆布进行了检测。他得到了平均年代是 1495±29 年的结果——这与达·芬奇的作品创作时期是一致的。McCrone 的工作到此为止了。由艺术品专家们开展的深入研究也在同时进行，这幅作品有可能是达·芬奇的第三幅完成品。

第十章

法庭地质学的过去、现状与未来

截至目前，在解决法律事务过程中，使用土壤以及其他地质材料的情况由来已久。在大多数审判中，法庭地质学领域内的专家证言都是被允许的；而且它的确为伸张正义作出了贡献。在1995年出版的科学证据杰作中，Moenssens 及其合著者援引了下述刑事案例，在这些案例中从土壤及相关材料里找到的信息被认作证据。

美国新泽西州法院诉 Baldwin 案 47 N. J. 379, 221 A. 2d 199（1966）petition for certif. to App. Div. denied, 246 A. 2d 459（1968），cert，denied 385 U. S. 980.	从犯罪现场提取的土壤样品与从被告驾驶的车辆上提取的土壤样品一致。
州诉 Spring 案 Supra n. 40.	从靴子上提取的土壤样品里发现了重要的证据价值。
州诉 Atkinson 案 275 N. C. 288, 167 S. E. 2d 241（1969），remanded for resentencing, 183 S. E. 2d 106（1971）.	从被告家中铁铲上提取的土壤样品与从被害人尸体埋藏地点提取的土壤样品一致。
Territory 诉 Young 案 32 Hawaii 628（1933）.	从被告裤子上提取的土壤样品与从强奸现场提取的土壤样品一致。从被告作不在场辩解时所称的地点提取的土壤样品与从其裤子上提取的土壤样品不一致。
美国新罕布什尔州法院诉 Coolidge 案 109 N. H. 403, 260 A. 2d 547（1969）rev'd on other grounds 403 U. S. 443（1971）. Forty sets of particles were matched microscopically with regard to color, hue, and texture. Instrumentation found at least 27 sets to be indistinguishable in all tests.	从被害人衣物上提取的颗粒与从犯罪嫌疑人车辆上提取的颗粒一致。

续前表

Aaron 诉美国亚拉巴马州法院案 271 Ala.70，122 So.2d 360（1960） pet. For writ of error denied 275 Ala. 377，155 So. 2D 334 (1963) .	从一件强奸案中破损墙板上提取的灰尘与从被告衣物上提取的灰尘一致。
加利福尼亚州人民诉 Smith 案 142 Cal. App. 2d 287，298 P. 2d 540 (1965) .	通过石膏粉尘寻找到入室盗窃案的被告。
州诉 Washington 案 335 S. W. 2d 23 (Mo. 1960) .	从被告衣物上提取的灰泥颗粒与从盗窃入口处提取的灰泥样品一致。

在法庭科学工作领域里，对于岩石、矿物、土壤以及相关材料的研究的用途很多。由于这些物质的种类以及结合方式数量非常庞大，因而其作为物证的潜在价值很高。在某些案件中，它们的价值甚至与指纹这样真正的独立证据相似。然而，这些材料在侦查以及证据领域里的应用受到下述两个因素的限制：

1. 它们必须以足够充分的数量出现用于分析检验。

2. 调查人员必须认识到它们的潜在价值并将其进行收集，以备分析。

由于一些特定合成产物的出现（例如麻醉剂或炸药）以及一些生物样品的存在（例如血液或精液），因而化学鉴定可能单独具有证据价值。然而，地质材料需要更多的研究以及专业判断。此外，根据物理特征吻合的结果而得出一份样品曾是另一份样品的一部分这样的阳性结论，这种情况科学家们很少能够遇到。有时在处理玻璃碎片或者混凝土切块时，会出现上述情况。例如，在一次袭击过程中，几块岩石被人扔向卡车的挡风玻璃，并造成严重的财产及人身损害。调查人员在犯罪嫌疑人的车辆上找到几块岩石碎片。袭击中造成损害的岩石也被收集并用于研究。它们是带有大量远古甲壳类动物化石压痕的石灰岩。从犯罪嫌疑人车辆上提取的岩石碎片中也含有动物化石，其种类与当做武器使用的石灰岩中所含有的动物化石种类相同。实际上，一些碎片上的化石与石灰岩上的化石印痕可以实现完美匹配，就像智力拼图玩具的碎片一样。据此，我们可以毫无疑问地说：上述两部分曾经来自同一块岩石。但是，像这种绝对同一的情况极为罕见。

为了证明两个样品一致或者不一致，法庭地质学家必须找到罕见的矿物、岩石以及相关材料的颗粒。正因如此，测量密度分布、颜色、化学组成或者颗粒粒径分布等参数的综合法可能会对建立对比有所帮助，但这种结论自身作为某一审判的充分依据的情况却很少。与之相对，对于个体颗粒及其含量的研究和鉴别并将其同其他方法进行结合是具有普遍必要性的。有鉴于此，那些多面手在法庭科学中扮演着重要的角色，尤其是能够认识到多种物证间相互关系的多面手；但是对于法庭地质学工作而言，一名训练有素的专家是最重要的。

出于同样的原因，对于土壤以及相关材料进行单一的标准检测并以此作为对比的基础，这是研究工作的理想目标；但是这个目标却很难在近期实现。然而，将这些材料的研究策略概括出来，包括最可能产生可靠科学审判的方法，却是可行的。制定研究策略时，研究类型分为两种：协助侦查的研究类型以及用于推断可作为法庭证据使用的一致或者不一致的结论的研究类型。两种研究类型之间的界限并不总是清晰的，用于协助侦查的初期研究最终可能扮演证据的角色。所有案件中法庭地质学检验工作的质量都应具有同样高的标准。

协助侦查的研究

法庭地质学家常常收到与犯罪或者犯罪嫌疑人相关的样品进行研究。科学家们之所以对这些材料进行研究，是为了找到那些能够在侦查中起作用的岩石、矿物或者其他颗粒。其中的关键问题是"这些材料来自哪里"。材料研究以及颗粒鉴别之后，地质学家们通常会将样品可能的来源列出——例如，样品来自保险柜或者某一特定的地理位置。这种结论的可靠性在于材料的特殊性以及科学家的能力和经验。进行上述研究时，双目体视显微镜通常为首先使用的仪器。使用这种仪器进行检验可以提供关于样品材料类型的信息。随后，科学家们可能会使用其他方法，如扫描电子显微镜法、使用偏光显微镜分析薄片或者X射线衍射法等。

对于当地地质概况及矿产业的了解对协助侦查型研究可能非常重要。这一点在加利福尼亚矿产与地质部的地质学家们所协助的几起案件中得到了证实。加利福尼亚矿产与地质部是由州地质学家 James F. Davis 领导的。在一起绑架案件中，从一辆逃跑车辆的地板上发现的海藻与淡水藻的混合物暗示着它来自某一硅藻土处理设备或者某一储物区，这为警方缩小侦查范围提供了帮助。最终，绑架者被捕并被判有罪。在另一起涉及凯迪拉克车辆盗窃的案件中，盗窃者在汽油耗尽之后将车辆遗弃了。被捕的时候，盗窃者们说不清楚丢弃车辆的具体位置。然而，他们交待称一名矿工曾要求免费搭车，这名矿工带有铬铁矿、汞以及斑脱土的混合物。由于这些物质共同出现的情况仅仅出现在加州一处众所周知的地方，因而地质学家根据这条线索协助调查人员找到了那辆凯迪拉克车。

在另一件案例中，Gerald Frank Stanley 因被控于1975年谋杀其第二任妻子而在加利福尼亚州监狱服刑。四年后，Stanley 被释放并再婚。1980年，他被控谋杀其第四任妻子。在 Stanley 第四任妻子被杀当天，曾有一位年轻的女士免费搭乘了 Stanley 的车。随后，人们在位于加利福尼亚州北部的一处油井旁发现了这位女士的尸体。控方依据这起犯罪认为 Stanley 应为谋杀其第四任妻子而获死刑。在将 Stanley 与被害人所处的油井所在地联系在一起的各种证据中，包含着在法庭地质学中普遍存在的"地质学偶然事件"这种类型的证据。从油井周围提取的碎石以及沙砾样品，其外层含有属于当地的沙砾。从 Stanley 所驾驶车辆的地板上也发现了类似的混合物。然而，碎石样品中还出现了外来的、非当地的岩石。警方获悉曾有一车来自300多公里之外的混合碎石被撒在油井所在地。从犯罪嫌疑人驾驶车辆上提取的样品中同样含有这些外源性的岩石颗粒。虽然 Stanley 未曾因这起油井谋杀案而受

第十章　法庭地质学的过去、现状与未来

到指控或审判，但是陪审团认定 Stanley 因谋杀其第四任妻子而获死刑时，这一信息无疑起了促进作用。

确定一致或者不一致的研究

对比研究的目的在于在很高概率的前提下确定某一样品与另一样品是相似或者不相似的，或者在同样高概率的前提下确定两个样品是否来自同一个小范围区域。在质疑这种类型的证据时，以下两个问题通常会被问到：

1. 如果从距离嫌疑地点一定距离以外的地方提取样品，你是否能够发现类似的材料？换句话说，这种具有独特性能的材料是否在一定宽泛的区域里普遍出现？我们需要更多关于这种独特地质材料在短距离内出现及分布的信息和研究。然而，人们通常通过以下两个方面来回答上述问题：从嫌疑地点以外的地方所收集样品的研究结果，以及对于众所周知快速变化的那些特性所做的专业选择。

2. 世界上是否有另一个地点可能存在极其相似的样品？多数情况下，对于这一问题的答案只能是肯定的。虽然在某些情况下，地质学证据具有很高的特性，但是我们通常只能根据相似点和差异点、可比性或不可比性来探讨地质学证据。当使用几种不同的方法研究土壤样品时，当不同的土壤样品中同时存在几种对比一致的土壤时，或者当罕见的矿物或混合物出现在土壤样品中时，土壤样品的个性特征就会愈发突出。

经验丰富的法庭地质学家可能会根据常见地质材料的类型建立一套恰当的分析程序。然而，下面程序中的检验顺序可以作为一种工作模式推荐。

首先，使用自然光或色彩分析仪器对样品进行色彩检验。不同粒径级别的颗粒也应进行色彩检验。当可供使用的样品量充足时，还应确定样品的颗粒粒径分布。使用双目体视显微镜对整个样品进行分析，将对于其他专家而言具有潜在价值的特殊颗粒挑出来，如毛发、纤维、涂料以及塑料等。将粒径级别最小的颗粒保存下来，可以使用 X 射线衍射法、扫描电子显微镜法、化学分析或者其他种类的仪器对其进行分析。科学家们使用双目体视显微镜研究样品中的粗料，识别并统计出颗粒的种类。在这一阶段也可以使用偏光显微镜研究薄片或者粉煤光片。此外，其他光学方法、化学方法以及物理方法也可以成为另一种选择，例如扫描电子显微镜法或者 X 射线衍射法。检验中的每一个阶段都会指引出下一步的恰当做法，直到科学家确信送检样品是一致或不一致的，并为论证此结论做好了准备。

令人遗憾的是，所有法庭地质学领域工作人员都熟知那些建立在未充分研究基础之上的包含地质材料信息的证言。这些无力的证据有辩方提供的，也有控方提供的；有民事案件的，也有刑事案件的。我们没有任何理由去递交一份建立在陈旧或不充足的方法或观点基础之上的证据。在 20 世纪 20 年代，我们将地质学应用于石油勘探中所使用的方法寥寥无几。正如石油勘探发生的变化一样，地质学工作也必须进步。所有法庭科学实验室都应努力将工作水平提升至最高。对于正义的追求需要我们竭尽全力。

土壤分析流程

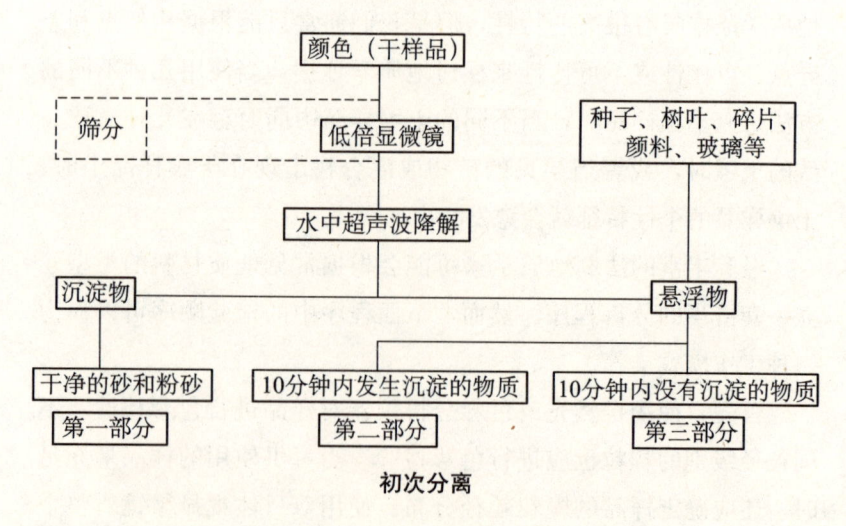

```
                    颜色（干样品）
                          │
    ┌─────┐              ▼                   ┌──────────────┐
    │ 筛分 │─────► 低倍显微镜 ◄──────────────│ 种子、树叶、碎片、│
    └─────┘              │                   │  颜料、玻璃等   │
                          ▼                   └──────────────┘
                    水中超声波降解
                          │
              ┌───────────┴───────────┐
              ▼                       ▼
           沉淀物                   悬浮物
              │                       │
      ┌───────┴───────┐       ┌──────┴──────┐
      ▼               ▼       ▼              ▼
  干净的砂和粉砂   10分钟内发生     10分钟内没有沉淀的物质
                  沉淀的物质
     第一部分        第二部分         第三部分
```

初次分离

第十章　法庭地质学的过去、现状与未来

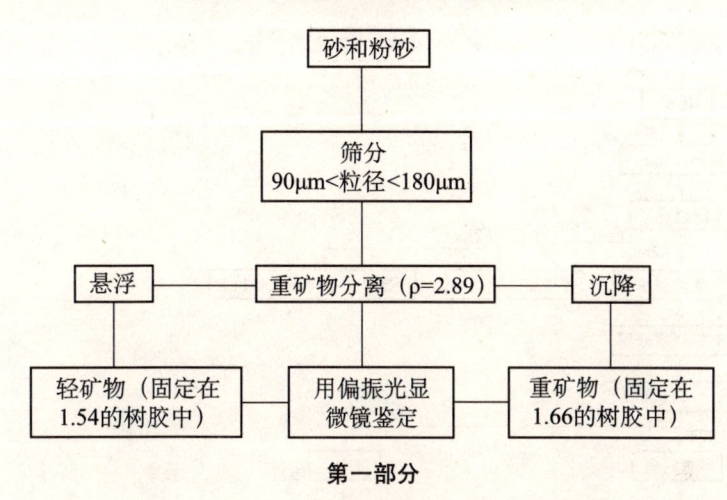

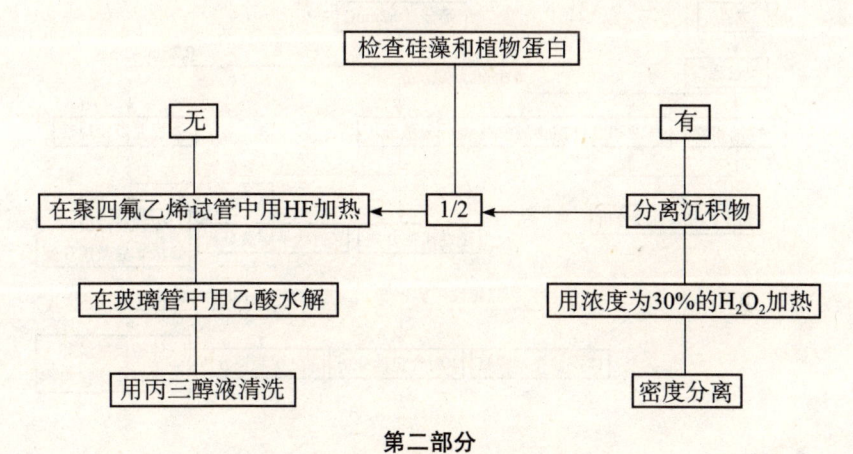

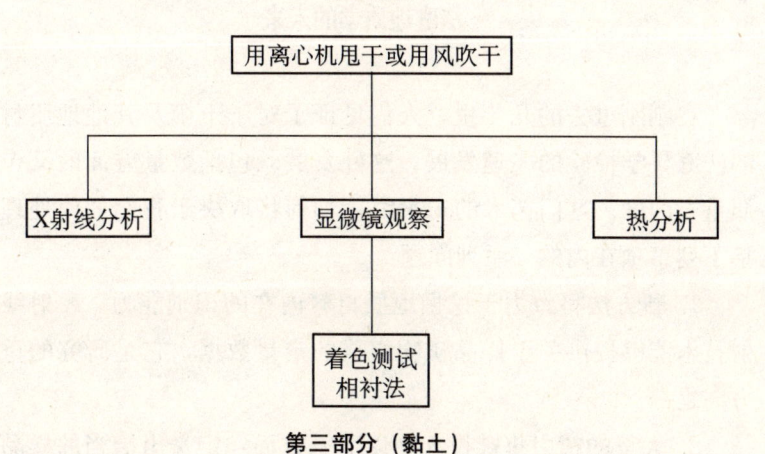

```
           砂和粉砂
             │
             ▼
      ┌──────────────┐
      │    筛分       │
      │90μm<粒径<180μm│
      └──────────────┘
             │
    ┌────────┼────────┐
    ▼        ▼        ▼
  悬浮  重矿物分离(ρ=2.89) 沉降
    │        │        │
    ▼        ▼        ▼
轻矿物(固定在  用偏振光显  重矿物(固定在
1.54的树脂中)  微镜鉴定   1.66的树脂中)
```

第一部分

```
         检查硅藻和植物蛋白
              │
        ┌─────┴─────┐
        ▼           ▼
        无          有
        │           │
        ▼           ▼
 在聚四氟乙烯  ←1/2→  分离沉积物
 试管中用HF加热        │
        │             ▼
        ▼        用浓度为30%的H₂O₂加热
 在玻璃管中用乙酸水解    │
        │             ▼
        ▼          密度分离
 用丙三醇液清洗
```

第二部分

```
      用离心机甩干或用风吹干
              │
    ┌─────────┼─────────┐
    ▼         ▼         ▼
 X射线分析  显微镜观察   热分析
              │
              ▼
          着色测试
          相衬法
```

第三部分（黏土）

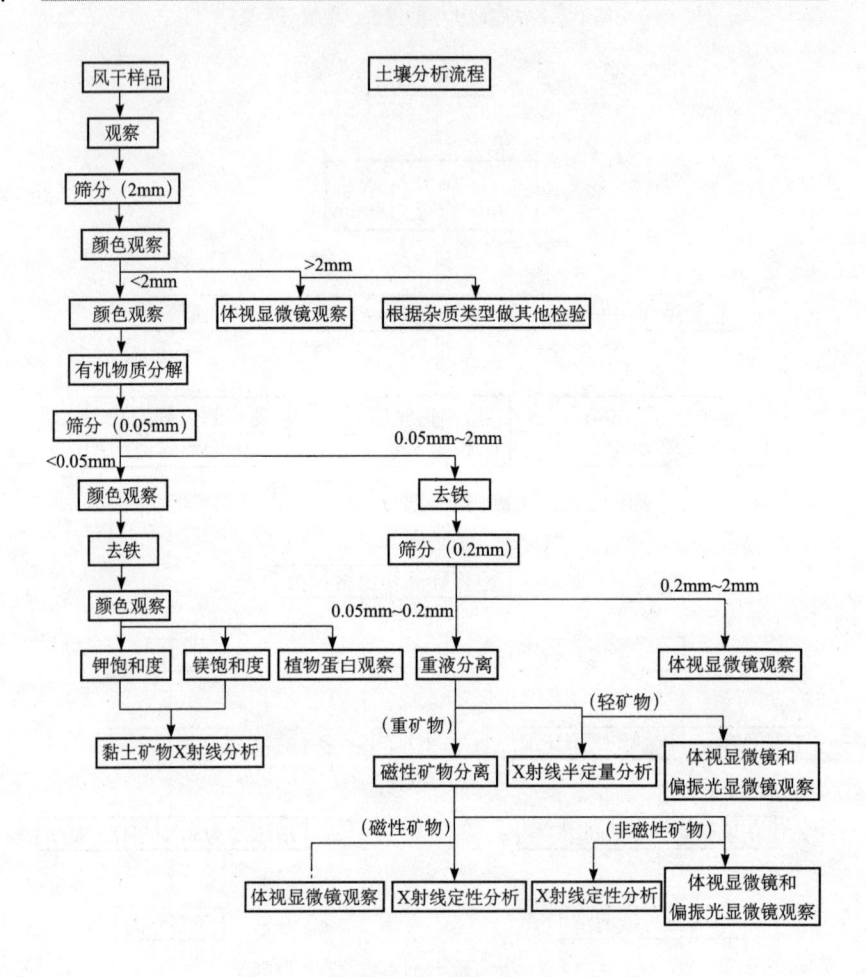

```
                        土壤分析流程
   风干样品
      ↓
     观察
      ↓
   筛分(2mm)
      ↓
   颜色观察
    ↓    ↓ >2mm
  <2mm  体视显微镜观察 → 根据杂质类型做其他检验
   颜色观察
      ↓
  有机物质分解
      ↓
  筛分(0.05mm)
   ↓         ↓ 0.05mm~2mm
 <0.05mm    去铁
  颜色观察    ↓
    ↓      筛分(0.2mm)
   去铁      ↓              ↓ 0.2mm~2mm
  颜色观察  0.05mm~0.2mm    体视显微镜观察
    ↓       重液分离
 钾饱和度  (重矿物) (轻矿物)
 镁饱和度   ↓         ↓
 植物蛋白观察 磁性矿物分离  X射线半定量分析  体视显微镜和偏振光显微镜观察
    ↓     (磁性矿物)(非磁性矿物)
黏土矿物X射线分析 体视显微镜观察 X射线定性分析 X射线定性分析 体视显微镜和偏振光显微镜观察
```

法庭地质学的未来

在刚刚过去的几年里，人们见证了对于土壤及其他地质材料的法庭科学检验的飞速发展，这种发展既包括数量方面的又包括质量方面的。这门艺术的未来究竟如何将取决于我们如何处理包括下列事项在内的一系列问题：

1. 新方法将致力于挖掘地质材料内在的识别能力。X射线衍射技术能够提供关于样品矿物组成的定量数据，它是研究的重要方向之一。

2. 大量的精力将被投入到以下三方面：定义出恰当的样品采集方法，将地质材料的潜在证据价值传递给执法人员以及对样品

第十章 法庭地质学的过去、现状与未来

收集人员进行培训。只有在证据得到收集的前提下，才可能存在法庭科学检验。

3. 对于能够说明土壤类型的多样性以及分布情况的研究的需求迫在眉睫。在理想状况下，信息应该能够以电子数据的形式提供并且广泛传播。

4. 必须持续不断地提升各级法庭地质学检验人员的执业能力。继续教育的内容可以包括大学课程、有意义的在职经验以及来自包括联邦调查局国家学院在内的几个主要国家法庭研究机构的普及性指导。知识正在变得过于超前，例如许多地质学院目前已经不在教授如何使用偏光显微镜进行矿物鉴别了。那些有此想法的学生们似乎只能通过自学的方式了解这种方法。因此，获得地质学学位的毕业生们既不熟悉仪器，又不具备成为经验丰富的显微镜技术人员的背景和经验。

5. 像扫描电子显微镜这样的新型仪器可以提供日益详尽的测量和观察，这为区分不同的颗粒个体提供了可能性。然而，在这种精确的水平下，你可能会失去判断两个样品具有共同来源的能力。整个对比理念因此丧失了，证据价值也不复存在。为了避免该问题的出现，法庭地质学家必须选择那些在不能错误排除相似样品的前提下，可以提供样品间最大差异性的方法。

正如所有科学证据一样，法庭地质学所面临的挑战在于教育。调查人员以及证据收集人员必须接受培训并了解当地质材料被正确地收集、正确地研究并且在法庭上得到正确地展示时，他们是如何为审判作出重要贡献的。无论是昨天、今天还是明天，由服务于审判的、最为技艺娴熟而且客观公正的人提供最好的证据，这是法庭科学所面临的真正挑战。我们的司法系统仍然掌握在大众的手中，这些人因为是凡人所以会不可避免地犯错误，有些情况下这些人可能是训练有素的正义拥护者。法庭给予了专家科学证人免于展示观点的特免权，因此专家科学证人必须将提供科学证据的水平提升至最高。否则，正义的拥护者可能会想方设法剥夺他们的特免权，将我们带回到那个只能将记忆中的研究过程进行诠释的人证的时代。

术语表

大部分术语修改自罗伯特·贝茨和朱利安·杰克逊编写、美国地质研究所 1980 年出版的《地质词汇》（第二版）。

（1）风干：指与周围环境湿度处于平衡时（土壤）的干燥程度。

（2）琥珀：通常为微黄色到淡褐色坚硬易碎的含化石树脂，一般半透明至透明，来自松柏树，内部常见昆虫或其他生物。

（3）紫石英：紫色、紫红色、红紫色、蓝紫色或苍紫罗兰色的透明至半透明石英晶体。

（4）角闪石：在晶形和组分上相近的黑色铁镁硅酸盐类造岩矿物。

（5）各向异性：从不同的方向观测时，物理性质发生改变。

（6）钙长石：斜长石类白色、浅灰色或淡红色三斜晶系矿物。

（7）无烟煤：最高变质程度的煤，其中固定碳含量为 92%～98%。

（8）砂质：全部或部分由砂级碎屑组成的沉积物或沉积岩。

（9）泥质：含黏土级颗粒或黏土矿物，与其有关或主要由黏土级颗粒或黏土矿物组成。

（10）长石砂岩：一种富含长石、典型的粗粒砂岩，通常为粉红色、淡红色至浅灰色、淡黄色，由分选差至中等的棱角—次棱角状颗粒组成，颗粒通常来自花岗岩或花岗质岩石的快速剥蚀。

（11）石棉：纤维状硅质矿物的商业术语，容易分离成细长、柔韧性很强足够用于编织的纤维。

（12）玄武岩：呈黑—灰黑色，常见的火山喷出岩。

（13）黑云母：云母族中的黑色矿物。

术语表

（14）黑沙：主要由黑色重矿物或岩石颗粒组成的冲积沙或海滩沙。

（15）沼铁矿：指柔软多孔成分混杂的含水氧化铁沉积物，它是在泥沼、树沼、草沼、沼炭苔藓与浅湖中由含铁水沉淀形成的。

（16）网状河：一种河流类型，它由多个分叉合并的分支河道组成，分支河道由河间岛或心滩分隔开，与复杂的辫状河道相似。

（17）角砾岩：由巨大棱角状破碎岩石碎屑组成的粗碎屑岩石，这些碎屑由细粒基质胶结在一起。

（18）方解石：一种普通的造岩矿物，通常为白色、无色、浅灰色、浅黄色或浅蓝色。

（19）碳－14年代测定法：通过测定过去存在的有机体中的碳－14的浓度来测定年代的方法。

（20）碳酸盐岩：主要由方解石、白云石或其他碳酸盐组成的岩石。

（21）玉髓：一种隐晶质石英。

（22）白垩：一种通常为浅灰色或浅黄色的纯净柔软致密海相成因的石灰岩，主要成分为方解石。

（23）燧石：一种十分致密坚硬的具有暗淡—半玻璃光泽的隐晶质沉积岩石，主要由隐晶氧化硅组成。

（24）黏土矿物：复杂松散的细晶偏胶质的或非晶质的含水硅铝酸盐矿物之一。

（25）煤：一种可燃岩石，其中含固有水分的碳质物质重量超过50%，体积超过70%，由类似泥炭中的各种蚀变植物残骸经过压实固结而形成。植物种类、变质作用和成分混杂程度的差异是煤的特征并被用做划分种类的依据。

（26）塌积层：由于重力作用在陡崖底部形成的岩块与泥的沉积。

（27）砾岩：粗碎屑沉积岩石，由直径＞2mm的圆状—次棱角状碎屑组成，这些碎屑嵌在由砂、粉砂或其他常见的胶结矿物胶结物组成的基质中。

（28）接触面：两种类型或年代不同的岩石之间的平面或曲面。

（29）蠕变：冰、土壤、岩石在重压下所遭受的持续缓慢的不可逆变形。

（30）交错层理：成层岩石内部纹层或多或少有规律地排列，其特征是纹层呈直线或上凹形以各种角度倾斜。

（31）隐晶质：指一种岩石的结构，这种岩石由正常显微镜无法分辨的晶体组成。

（32）三角洲：河口或邻接河口处低平的冲积形成的陆地沉积体，通常形成三角形或扇形平原。

（33）辉绿岩：在美国，主要成分为拉长石与辉石的侵入岩。

（34）硅藻：生长在海水或淡水中的微观单细胞植物。硅藻分泌各种各样的硅质骨架，并可在沉积物中大量堆积。

（35）硅藻土：主要由硅藻的蛋白石骨架组成的白色、黄色或浅灰色硅质土。

（36）岩墙：切割围岩层面的板状岩浆侵入体。

（37）白云石：一种普通的斜方晶系造岩矿物。它呈现白色、无色、淡黄色、棕色、粉红色或者灰色。

（38）魔杖探测：利用神秘探杖或测锤来探测地下水、矿床或其他物质的技术。

（39）冰碛：应用于由冰川搬运与沉积或从冰川融水沉积的所有岩石矿物的术语。

（40）钻井泥浆：一种由各种细碎物质与水（有时为油）混合组成的沉重悬浮体，应用于旋转钻井。

（41）滴水石：指在洞穴中滴水形成的碳酸钙或其他矿物沉积，包括钟乳石与石笋。

（42）灰尘：干燥的固态有机或无机物质，包括黏土级和粉砂级土质颗粒，它们十分细小，可以被涡流卷起并搬运相当长一段距离。

（43）刚玉砂：黑色粒状含杂质的刚玉，其内含数量不等的氧

术语表

化铁。它能以粗粒或细粉末的形式作为用来研磨和抛光的磨料。

（44）风积的：与风有关的。

（45）漂砾：相当大的岩石碎块，其岩性通常与基岩不同，它们通常被冰川或浮冰从其物源区搬运相当长的一段距离后沉积下来。

（46）喷出岩：指喷出地表的岩浆岩，例如熔岩和火山灰。

（47）断层：岩石破裂面或破裂带，其两侧岩石具有几厘米至几千米的位移。

（48）长石：一组数量丰富的造岩矿物。长石是分布最广泛的矿物组并构成了地壳的60%。

（49）板石：一种坚硬的砂岩，通常是均匀细粒级（砂岩），它能够沿层理面或节理面裂开成大、薄、平的石板，可用来铺路或建造房顶。

（50）火石：一种黑色或灰色、块状、十分坚硬的成分不纯的玉髓。

（51）化石：动植物的遗体残骸、痕迹、印痕，在地壳中它们通过自然界各种作用从过去的地质年代保存下来。

（52）辉长石：一组黑色基性侵入岩。

（53）石榴子石：一种脆性的透明—半透明矿物，大多数是暗红色的，带有玻璃光泽，无解理。

（54）宝石：被切割和抛光后，美丽、坚硬或耐磨、能被用做个人装饰物与其他装饰品的任何矿物、岩石或其他自然材料。

（55）地球物理测量：在地球物理勘探中一种或多种地球物理技术的应用，例如大地电流、电子、红外线、热流、磁力、放射性和地震等地球物理技术。

（56）冰川：巨大团块的冰，部分是由于陆上的雪压实与重结晶作用形成的，并由于其重量，可缓慢地沿陡坡移动或沿所有方向向外移动。

（57）片麻岩：一种区域变质作用形成的具有片理的岩石，片麻岩内部粒状矿物组成的条带或扁豆体与片状或柱状矿物组成的条带和扁豆体交替。

（58）花岗岩：粗粒深成岩，其中石英占其长英质成分的10%～50%。

（59）石墨：自然形成的六边形晶体碳，与金刚石为同质二象。它不透明，有光泽，十分柔软，有滑腻触感，铁黑色—青灰色，呈薄片状、鳞片状、纹层状或颗粒状。

（60）潜水：地下水的一部分，也就是饱水带，包括地下河流。

（61）石膏：广泛分布的矿物，成分为含水硫酸钙。纯净时，为白色或无色，一般为灰色、红色、黄色、蓝色或棕色。

（62）石盐：天然食盐，致密较大的立方体晶体颗粒。

（63）硬土层：通常指土壤中相对坚硬的非渗透性黏土层，分布在土壤表面或下部，由氧化硅、氧化铁、碳酸钙和有机物质等相对不溶的物质沉淀胶结黏土颗粒形成，对挖掘与钻井形成特大的阻力，并能够永久地阻碍根系穿透和水的向下运动。

（64）角闪石：角闪石类中最普通的矿物，通常是黑色、深绿色或棕色，以明显的单晶形态出现。

（65）冰川时期：与"冰期"同义的不精确用法，或广泛冰川活动时期，尤其指更新世冰期。

（66）火成的：指由熔融或部分熔融物质—岩浆凝固形成的岩石或矿物。

（67）不溶残余物：可溶物质溶解在盐酸或醋酸里后岩石中所残余的物质。

（68）等深线：海洋学中，图上连接相等水深点的线。

（69）等厚线：图上连接某地层单位或组相等厚度的线。

（70）各向同性：指各个方向性质相同的介质。

（71）节理：岩石中的破裂面，其两侧岩石没有发生相对位移。

（72）喀斯特地貌：石灰岩、白云岩或石膏溶解形成的一种地貌，以发育封闭洼地、落水洞、洞穴或地下水系等为特征。

术语表

（73）湖成的：指与湖泊有关或在湖泊里形成、产生的。

（74）熔岩：熔融喷出物的一般术语，也指固结后的岩石。

（75）石灰岩：主要成分为碳酸钙的一种沉积岩，主要形式为方解石，含量超过95％，白云石少于5％。

（76）黄土：分布均匀广泛的多孔破碎未固结细粒风成沉积，通常彼此黏附但未成层，一般认为是更新世的风成黏土。

（77）光泽：来自矿物表面的反射光，通常用特性和强度来描述。

（78）大化石：不需要借助显微镜就可以研究的大型化石。

（79）岩浆：地球内部自然形成的岩石熔融物质。

（80）大理岩：主要由细—粗粒重结晶方解石或白云石组成的一种变质岩。

（81）河曲：河道中不规则的、自由发育的弯曲、环等。

（82）变质岩：由于地壳深部温度、压力、剪应力和化学环境的明显变化，原岩的矿物、化学成分或结构发生变化而形成的岩石类型，基本上以固态形式存在。

（83）云母：发育一组完全解理的硅酸盐矿物。

（84）微晶：岩石包含的晶体小到只能用显微镜观察的一种岩石结构。

（85）摩氏硬度计：由十种标准矿物的硬度组成的硬度系列，用来标定矿物硬度。

（86）冰碛层：隆起、冰脊或其他类型的未分选不成层冰川沉积物堆积，主要是冰川冰在各种地表上的直接运动形成，形态由冰碛所在的地表形态控制。

（87）泥浆：水与微固体颗粒或黏土物质混合的黏或滑的泥浆状混合物，黏度由半流体到柔软可塑沉积物。

（88）芒赛尔彩色分类法：地质学中适用于岩石和土壤的颜色分类系统。

（89）结核：细小坚硬的不规则圆形或块状的矿物或矿物集合体，一般表面呈瘤状但没有内部构造，组分通常与所在沉积物或母岩有差异并且显示比沉积物或母岩更强的硬度。

（90）黑曜岩：黑色火山玻璃。

（91）油页岩：含干酪根、成层性较好的棕色或黑色页岩，蒸馏可产生液态烃与气态烃。

（92）蛋白石：氧化硅的非晶质形式，包含不同比例的水，几乎可呈现所有颜色。

（93）冰水沉积物：由融水河流从冰川移出并沉积在终碛或活动冰川边界的前方或更远的层状碎屑沉积物。

（94）孢粉学：主要研究种子植物的花粉、现存有胚植物或者化石的孢子、花粉与孢子传播的科学分支。

（95）粒径：颗粒的有效直径，可由沉积法、筛分或显微镜测量方法得到。

（96）泥炭：含大量在极度潮湿的条件下富集、未分解或轻微分解有机质的未固结土壤物质。

（97）伟晶岩：颗粒极粗的火成岩，具有连生晶体，通常以不规则的岩墙、透镜体或岩脉出露。

（98）岩石学：研究岩石尤其是火成岩与变质岩的成因、产状、结构和发育过程的地质学分支。

（99）Φ值：能将常规统计技术直接应用于沉积数据的统计方法。

（100）砂矿：风化碎屑中矿物机械堆积形成的一种表生矿产沉积。

（101）斜长石：三斜晶系长石族中常见的造岩矿物，具有特有的双晶结构，常显示带状构造。

（102）斑岩：在细粒基质中具有明显斑晶的火成岩。

（103）浮石：一种浅色多孔的玻璃质岩石，通常具有流纹岩的成分。在水中具有足够的浮力浮在水面上，可以作为很轻的混凝料、研磨料。

（104）黄铁矿：一种常见的浅青铜色或铜黄色等轴矿物。

（105）火山碎屑岩：由火山喷发碎屑物组成的岩石，分选差。

术语表

（106）石英：晶体氧化硅，一种常见的丰度仅次于长石的重要造岩矿物。

（107）石英岩（变质的）：变质岩的一种，主要成分为石英，在区域或热变质作用下由砂岩或燧石重结晶产生。

（108）石英岩（沉积的）：坚硬但未发生变质作用的砂岩，主要包含石英颗粒，这些石英颗粒被次生氧化硅胶结物完全牢固地胶结起来以至于岩石只能从颗粒中破碎开，而不是沿其边缘。

（109）放射性测年法：通过测定物质中短寿命放射性元素含量或长寿命放射性元素及其衰变产物总含量来计算地质年龄的方法，通常以年为基本单位。

（110）红层：在陆地环境沉积的沉积岩层，主要由砂岩、粉砂岩、泥岩、石灰岩或泥灰岩组成，局部含薄层砾岩，由于包覆在个体颗粒表面的氧化铁的存在，一般呈红色。

（111）折射仪：测量液体或固体反射指数的仪器。

（112）人造钻石：廉价有光泽的钻石仿制品，由玻璃组成，玻璃外包一层薄薄的金属箔使其显示出宝石光泽。

（113）流纹岩：喷出岩浆岩，通常具有斑状结构和流纹结构，斑晶成分为石英和碱性长石，基质为玻璃质—隐晶质。

（114）河岸的：位于水体岸边，尤其是河流等水道的岸边。

（115）波痕：波纹状表面，由交替近平行的小规模原生波峰与波谷组成。

（116）岩盐：以块状、纤维状或粒状集合体出露的一种粗晶石盐，可构成纯净的沉积岩，一般出现在穹隆或岩颈中，或由于盐水蒸发作用以宽阔岩床出露。

（117）砂岩：中粒碎屑沉积岩，由位于细粒基质中的大量圆形或棱角状碎屑组成，并被胶结物不同程度地胶结。

（118）片岩：动力变质作用形成的成层性很好的结晶岩石，由50%以上的矿物组分平行排列，尤其是细长柱状晶体，所以岩石容易裂成薄层或薄片。

（119）地震的：与地震或地球振动，包括人工诱导振动有关的。

（120）页岩：细粒固结的碎屑沉积岩，由黏土、粉砂或泥固结形成，以很好的细层状构造和（或）页理为特征，细层和（或）页理与层面近似平行，风化后最为明显。

（121）岩床：平行于围岩层面的板状火山侵入岩。

（122）粉砂岩：固结的粉砂，具有页岩的结构与组分，但无页岩发育较好的纹理和页理。

（123）板岩：致密的细粒变质岩，由页岩和火山灰等岩石变质而成，沿着原始层理面具有可裂性，因此可分成岩性不易辨别的板片。

（124）土壤层：基本平行于地表的土壤或土壤物质层，与邻近地层在物理、化学和生物性质或特征上不同，比如颜色、结构、构造、稠度、有机质的种类和数量、酸碱度等方面。

（125）分选：搬运介质将具有一些特定性质的颗粒与和它们共生的不同的颗粒分离开来的动力作用。

（126）尖晶石：具有很高的硬度的八面体晶体矿物。由于化学成分不同而颜色各异，有时作为宝石。

（127）沙嘴：陆地上的小岬角，凸出或狭窄的堤坡，通常由沿岸搬运的沙砾组成，一边连着陆地，另一端渐渐消失于开阔水体中。

（128）钟乳石：悬挂在洞顶的圆锥状或圆柱状沉积体。滴水形成，一般由碳酸钙组成，但也可以由其他碳酸盐组成。

（129）石笋：由滴水运动形成的从洞穴地面向上生长的圆锥形沉积体。一般由碳酸钙组成，但也可以由其他碳酸盐组成。

（130）十字石：淡褐色—黑色斜方晶体矿物，具有十字双晶。

（131）地层学：一门地质学分支，进行各种地层单位的定义、描述以便于研究露头或地下岩石，并解释这些岩石在地质历史中的重要性。

（132）条痕：粉末状态下矿物的颜色，在条痕板上研磨矿物并观察其留下的痕迹。

术语表

(133) 日长石：含有砂金石的一种长石。

(134) 滑石：微白色、浅绿色或浅灰色柔软单斜晶体矿物。有滑腻触感并能够被小刀切开。

(135) 山麓堆积：源自陡崖或陡峭岩石边坡的形状大小不一的岩石在山脚堆积形成的沉积物。

(136) 冰碛：未分选且未分层的堆积物，通常为未固结，在冰川附近或之下由冰川作用直接沉积形成，没有经过冰川融水的再沉积作用。

(137) 微量元素：矿物中的非主要元素，存在于矿物格架中或吸附在表面。

(138) 石灰华：白色、黄棕色或奶油色坚硬致密的细晶质结核状固结石灰岩，具有纤维状或同心环状结构以及破裂面。

(139) 纹泥：一年之内静水环境中沉积形成的层、纹层或纹层组合。

(140) 气孔：熔岩中形状不一的孔洞，熔岩凝固时捕捉气泡而成。

(141) 测井记录：测量或计算井中一段岩石特征的记录，显示的信息为电阻率、放射性强度、自然电位和声波速度等与深度的函数关系。

(142) 饱水带：地表所有空隙中充满水的带，其压力高于大气压。

参考文献

Bisbing, R. E. 1989. Clues in the dust. *American Laboratory* (November): 19–23.

Block, E. B. 1958. *The Wizard of Berkeley.* New York: Coward-McCann.

———. 1979. *Science vs. crime.* San Francisco: Cragmont Publications.

Chaperlin, K., and P. S. Howarth. 1983. Soil comparison by the density gradient method—A review and evaluation. *Forensic Science International* 23:161–77.

Davenport, G. C. 2001. *Where is it? Searching for buried bodies and hidden evidence.* Lakewood, Colo.: GeoForensics International.

Davenport, G. C., and others. 1990. Geoscientists and law enforcement professionals work together in Colorado. *Geotimes* (July):13–15.

Doyle, A. C. 1956. *The complete Sherlock Holmes,* vol. 1. New York: Doubleday.

Dudley, R. J. 1975. The use of color in the discrimination between soils. *Journal of Forensic Sciences* 15:209–18.

Dudley, R. J., and Smalldon, K. W. 1978. The evaluation of methods for soil analysis under simulated scenes of crime conditions. *Forensic Science International* 12:49–60.

Edwards, H. G. M. 1999. Art works studied using IR and raman spectroscopy. In *Encyclopedia of spectroscopy and spectrometry*, ed. J. C. Lindon, G. E. Tranter, and J. L. Holmes, 2–17. London: Academic Press.

Frenkel, O. J. 1965. A program of research into the value of evidence from southern Ontario soils. *Proceedings of the Canadian Society of Forensic Science* 4:23.

———. 1968. Three studies on the forensic comparison of soil samples. Paper read at 1968 meeting of the American Academy of Forensic Sciences, Chicago, Ill.

Graves, W. J. 1979. A mineralogical soil classification technique for the forensic scientist. *Journal of Forensic Sciences* 24:323–39.

Gross, H. 1893. *Handbuch für Untersuchungsrichter.* Munich.

Horrocks, M, and K. J. Walsch. 2001. Pollen on grass clippings: Putting the suspect at the scene of the crime. *Journal of Forensic Sciences* 46 (4):947–49.

Kirk, P. L. 1953. *Crime investigation.* New York: Interscience Publishers.

———. 1962. *Criminal Investigation.* Trans. J. Adam and J. Collier Adam, revised by R. L. Jackson. London: Sweet and Maxwell.

Lee, B. D., T. N. Williamson, and R. C. Graham. 2002. Identification of stolen rare palm trees by soil morphological and mineralogical properties. *Journal of Forensic Sciences* 47 (1):190–94.

Lee, H. 2002. *Cracking cases.* Amherst, N.Y.: Prometheus Books.

Lee, H., T. Palmbach, and M. Miller. 2001. *Henry Lee's crime scene handbook.* Burlington, Mass.: Academic Press.

Lindemann, J. W. 2000. Forensic geology. *The Professional Geologist* 37 (9):4–7.

Lombardi, G. 1999. The contribution of forensic geology and other trace evidence analysis to the investigation of the killing of Italian Prime Minister Aldo Moro. *Journal of Forensic Sciences* 44 (3):634–42.

Marumo, Y., R. Sugita, and S. Seta. 1995. Soil as evidence in criminal investigation. Eleventh INTERPOL Forensic Science Symposium. Lyon, France

McCrone, W. C., and J. G. Delly. 1973. *The particle atlas*, vols. 1–4. Ann Arbor, Mich.: Ann Arbor Science Publishers.

McCrone, W. C., L. Graham, and J. A. Polizzi. 1996. Christ among the doctors: A new Leonardo painting? *Microscope* 44 (3): 119–36.

McCrone, W. C., D. Chartier, and R. Weiss, eds. 1998. *Scientific detection of fakery in art.* Bellingham, Wash.: The International Society for Optical Engineering.

McPhee, J. 1997. *Irons in the fire.* New York: Farrar, Straus and Giroux.

Miller, P. S. 1996. Disturbances in the soil: Finding buried bodies and other evidence using ground penetrating radar. *Journal of Forensic Sciences* 41 (4):648–52.

Moenssens, A. A., and others. 1995. *Scientific evidence in civil and criminal cases,* 4th ed. New York: Foundation Press.

Murray, R. C. 1975. The geologist as private eye. *Natural History Magazine* (February) 22–26.

———. 1976. Soil and rocks as physical evidence. *Law and Order,* July, 36–40.

———. 1988. Forensic geology—100 years. *Microscope* 36 (4): 303–8.

Murray, R. C., and R. Murray. 1980. Soil evidence. *Law and Order,* July, 26-28.

Murray, R. C., and Tedrow, J. C. F. 1975. *Forensic geology: Earth sciences and criminal investigation.* New Brunswick, N.J.: Rutgers University Press.

———. 1991. *Forensic geology.* Englewood Cliffs, N. J.: Prentice Hall.

Ojena, S. M., and P. R. Deforest. 1972. Precise refractive index determination of the immersion method, using phase contrast microscopy and the Mettler hot stage. *Journal of Forensic Sciences* 12:315–29.

Palenik, S. J. 1979. The determination of geographical origin of dust samples. In *The particle atlas,* vol. 5, 2nd ed., ed. W. C. McCrone and others. Ann Arbor, Mich.: Ann Arbor Science Publishers.

参考文献

———. 1993. The analysis of dust traces. *Proceedings of the International Symposium on the Forensic Aspects of Trace Evidence.* Washington, D.C.: Government Printing Office.

Petraco, N., and T. Kubic. 2000. A density gradient technique for use in forensic soil analysis. *Journal of Forensic Sciences* 45 (4):872–73.

Pye, K., and D. J. Croft, eds. 2004. *Forensic geoscience: Principles, techniques and applications.* Bath, U.K.: Geological Society Publishing House.

Rapp, J. S. 1987. Forensic geology and a Colusa County murder. *California Geology,* 147–53.

Saferstein, R. 2001. *Criminalistics: An introduction to forensic science,* 7th ed. Upper Saddle River, N.J.: Prentice Hall.

Saferstein, R., ed. 2002. *Forensic science handbook,* 2nd ed. Upper Saddle River, N.J.: Prentice Hall. See especially the sections on glass (R. D. Koons, J. Buscaglia, M. Bottrell, and T. Miller) and soils (R. C. Murray and L. P. Solebello).

Smale, D. 1973. The examination of paint flakes, glass and soils for forensic purposes, with special reference to electron probe microanalysis. *Journal of Forensic Science Society* 13:5.

Smale, D., and N. A. Trueman. 1969. Heavy mineral studies as evidence in a murder case in outback Australia. *Journal of Forensic Science Society* 9:3–4.

Stam, M. 2002. The dirt on you. *California Association of Criminalist's Newsletter* 2:8–11.

Stanley, E. A. 1992. Application of palynology to establish the provenance and travel history of illicit drugs. *Microscope* 40:149–152.

Strongman, K. B. 1992. Forensic applications of ground penetrating radar. In *Ground penetrating radar,* ed. J. Pilon, 203–211. Geological Survey of Canada, paper 90-4.

Sugita, R., and Y. Marumo. 1996. Validity of color examination for forensic soil identification. *Forensic Science International* 83:201–10.

Thornton, J. I. 1975. The use of an agglomerative numerical technique in physical evidence comparison. *Journal of Forensic Sciences* 20:693–700.

———. 1986. Forensic soil characterization. *Forensic Science Progress 1*. Heidelberg: Springer-Verlag.

Thornton, J. I., and F. Fitzpatrick. 1978. Forensic science characterization of sand. *Journal of Forensic Sciences* 20:460–75.

Thornton, J. I., and A. D. McLaren. 1975. Enzymatic characterization of soil evidence. *Journal of Forensic Science* 20:674–92.

Thorwald, J. 1967. *Crime and science: The new frontier in criminology.* New York: Harcourt Brace Jovanovich.

Wanogho, S., G. Gettinby, B. Caddy, and J. Robertson. 1989. Determination of particle size distribution of soils in forensic science using classical and modern instrumental methods. *Journal of Forensic Sciences* 34 (4):823–35.

Wehrenberg, J. P. 1988. *Manual for forensic mineralogy, short course.* Missoula, Mont.: Northwest Association of Forensic Scientists.

The Roadside Geology series of books for individual states is an excellent source for local geology. The series is published by Mountain Press, Missoula, Montana.

The Federal Bureau of Investigation publishes *Forensic Science Communication* online at *www.fbi.gov/hq/lab/fsc/current/index.htm*. This publication provides new and interesting articles on forensic science. For example, see: Max M. Houck, Statistics and trace evidence: The tyranny of numbers, vol. 1, no. 3 (October 1999).

For information on the Daubert rule, the Supreme Court decision that expert opinion based on a scientific technique is inadmissible unless the technique is "generally accepted" as reliable in the relevant scientific community, see *www.daubertontheweb.com*.

参考文献

On the Busang gold fraud, Robert Ankli and Sheila Varadan of the University of Guelph provide considerable information at *www.sbaer.uca.edu/research/1999/sribr/99sri091.htm*.

The American Society of Forensic Geologists's Web site includes publications of interest, case histories, and links to other sites at *www.forensicgeology.org*.

A major source of information and maps is the Web site of the U.S. Geological Survey at www.usgs.gov. See especially their Earth Resource Observation Systems (EROS) Data Center at *http://edc.usgs.gov*.

Evidence from the Earth: Forensic Geology and Criminal Investigation
By Raymond C. Murray
Copyright © 2004 by Raymond C. Murray

Simplified Chinese version © 2013 by China Renmin University Press
All Rights Reserved.

图书在版编目（CIP）数据

源自地球的证据：法庭地质学与犯罪侦查/［美］默里著；王元凤，金振奎译.—北京：中国人民大学出版社，2013.7
（法学译丛·证据科学译丛）
"十二五"国家重点图书出版规划
ISBN 978-7-300-17797-7

Ⅰ.①源… Ⅱ.①默…②王…③金… Ⅲ.①地质学-应用-证据-研究 Ⅳ.①D915.13

中国版本图书馆CIP数据核字（2013）第154879号

"十二五"国家重点图书出版规划
法学译丛·证据科学译丛
丛书主编　张保生　王进喜

源自地球的证据
——法庭地质学与犯罪侦查

［美］雷蒙德·默里（Raymond C. Murray）　著
王元凤　金振奎　译
Yuanzi Diqiu de Zhengju

出版发行	中国人民大学出版社		
社　　址	北京中关村大街31号	邮政编码	100080
电　　话	010-62511242（总编室）		010-62511398（质管部）
	010-82501766（邮购部）		010-62514148（门市部）
	010-62515195（发行公司）		010-62515275（盗版举报）
网　　址	http://www.crup.com.cn		
	http://www.ttrnet.com（人大教研网）		
经　　销	新华书店		
印　　刷	北京鑫丰华彩印有限公司		
规　　格	155 mm×235 mm　16开本	版　次	2013年7月第1版
印　　张	12.75　插页2	印　次	2013年7月第1次印刷
字　　数	165 000	定　价	38.00元

版权所有　侵权必究　印装差错　负责调换